LE MARKETING

Pour une approche épistémologique

Prosper MAMBU MPUDI Ndombasi
François Michée NZEZA Mpangu

LE MARKETING

Pour une approche épistémologique

Préface de Vincent MAVINGA Maleka
Directeur de la Documentation, Publication et Diffusion à l'Institut National de la Statistique (INS/PLAN) et Enseignant à l'Institut Supérieur de Statistique de Kinshasa (ISS/KIN).

L'Harmattan
RDCongo

5-7, rue de l'École-Polytechnique ; 75005 Paris

http://www.librairieharmattan.com

ISBN : 978-2-343-20822-0
EAN : 9782343208220

Remerciements

Cette publication mérite la reconnaissance de beaucoup de personnes qui, par leur implication, encouragement, ont rendu cet écrit disponible.

Primo, nous avons bénéficié de la collaboration de :

- Chargé de cours MUKES Mampasi Freddy de l'Institut Supérieur de Statistique de Kinshasa ;
- Assistant MAKENGO Swana Diderot de l'Institut Supérieur de Commerce de Kinshasa ;
- Assistant PANZU Nzita Simon de l'Institut Supérieur de Commerce de Matadi.

Ils ont collaboré avec nous dans différents enseignements que nous assurons dans différents établissements d'Enseignement supérieur et universitaire de la République Démocratique du Congo.

Nous témoignons les encouragements du professeur Emérite, Monsieur l'Abbé curé NGIMBI Nseka Hyppolite, actuellement, Directeur général de l'Institut Supérieur Catholique de Gestion de Kisantu à l'égard de qui des conseils sur la construction de l'épistémologie sont sans précédent.

Nous avons bénéficié, comme pour toujours, la lecture de la première mouture de cet écrit par Monsieur MAVINGA Maleka, Directeur de la documentation, publication et diffusion à l'Institut National de la Statistique (INS/Plan) et à l'Institut Supérieur de Statistique de Kinshasa (ISS/KIN).

Dans le même cadre, nous avons bénéficié de la collaboration scientifique de Apollo IPONO Ibal'kool – D'jaguen, Chercheur – enseignant en Sciences de l'Information et de la Communication.

Nous ne pouvons pas clore cette page sans remercier nos familles qui se sont impliquées, d'une manière ou d'une autre, pour que cet écrit scientifique puisse être le leur.

Préface

La science se construit autour des ruptures avisées fondées sur la conceptualisation, les orientations adoptées à un environnement de recherche pour un positionnement épistémologique. C'est assez dire que toute recherche est d'abord un projet exploratoire comme le démontre le « constructivisme » de Giddens qui s'appuie sur le principe que le monde le « monde n'est pas donné une fois pour toutes ». Le monde est donc à construire tout comme la science.

A la suite de premier ouvrage intitulé « Le Marketing », pour quelle autonomie épistémologique ? Cette deuxième publication, sous un regard prismatique appuyé par une approche épistémologique, propose un marketing rénové, ou mieux une marketing plus agissante intégrant l'ensemble des actions humaines pour une gestion appropriée des biens et services, des idées, des événements, des activités culturelles et cultuelles » en réponse aux préoccupations de tout homme et tout l'homme. Tout est à gérer.

En effet, pour l'heure, le marketing en tant que science de la totalité se veut à la fois sinon tour à tour, évolutif et réactif voire agressif en vue de contenir l'homme à travers la culture de tous ses sens (toucher, olfactif, vue, odorat…). Entre la sphère marchand et la fonction sociale fondée sur un échange et la satisfaction des besoins et des désirs, une marketologie « agissante renvoie à un dispositif stratégique. La gestion de tout l'environnement s'impose. Un tel dispositif stratégique ou mécanisme de société, en appui intense des Technologies de l'information et de la communication tiendra ensuite, pour toute fin utile, de la subjectivité et la capacité réflexive de l'homme, de la contextualisation de l'action sociale à mener, en effet, l'état d'esprit du consommateur en dépend largement.

Au bout de compte, nous disons comme Jésus à Pierre dans le récit de la « Pêche miraculeuse » avec la « marketologie » : « duc in altum ».

Vincent MAVINGA Maleka
Directeur de la Documentation, Publication et Diffusion à l'Institut National de la Statistique (INS/PLAN) et Enseignant à l'Institut Supérieur de Statistique de Kinshasa (ISS/KIN).

Prolégomènes

Considéré longtemps et toujours comme une discipline des sciences de gestion, le marketing s'est inscrit dans le courant des sciences sociales, et non des sciences dites dures ou exactes où l'on peut réfuter des hypothèses par des expérimentations.

Toujours moulé à l'intérieur des sciences sociales où se trouvent confinées les sciences de gestion dont fait partie le marketing. Sachant que la spécificité des sciences de gestion est d'être dans le lot des sciences de l'action, le marketing est ainsi donc considéré à la fois comme une discipline scientifique et à la fois comme une pratique et un état d'esprit, pénétrant actuellement tous les méandres de la vie sociétale à la fois dans le secteur marchand et non marchand, étant au carrefour des sciences dans sa complexité.

Notre démarche a toujours été de faire du marketing, une science, étant une discipline séculaire, vieille comme le monde dans sa logique protohistorique, dès la création de l'Homme en passant par le jardin d'Eden.

Dans cet ouvrage intitulé, « Le marketing pour une approche épistémologique », la philosophie est de conférer au marchéage pour reprendre l'expression française du marketing, au vu de nos expériences, et apports théoriques sans cesse renouvelés, la praxis et l'héxis idiomatique, une syntaxe et un vocabulaire pour lui garantir une scientificité propre. Le marketing est devenu une science à part entière. Meta science, Meta axiomatique ou Meta praxis ?

Nous considérons son approche comme au-delà des sciences de gestion. Le marketing devient un tout à la fois Meta praxis et Meta héxis. Nous affirmons que l'Homme et le Marketing sont consubstantiels, dans sa quête des satisfactions des besoins primaires, secondaires et tertiaires et dans celle de la création de valeur aussi bien pour les éco géniteurs (les créateurs des entreprises, les producteurs ainsi que les distributeurs) que les consommateurs. Le marketing est sans cesse une science en permanent devenir, au langage sans cesse renouvelé. Dans un sens épistémologique, il a commencé depuis plusieurs décennies d'initier une profonde réflexion sur la connaissance et stratégie des éco géniteurs et le comportement des consommateurs, quel que soit le secteur et le besoin insatiable de l'humain à assouvir ses besoins.

Cette quête épistémologique se veut à la fois qualitative et quantitative, une véritable méthodologie scientifique.

L'« avenir nous tourmente, le passé nous retient, c'est pour cela que le présent nous échappe » disait Gustave Flaubert, mu dans un raisonnement éthylique, édénique et idyllique.

Au contraire dans une vision stratégique, le passé nous sert de repaire en marketing et nous aide à travers le diagnostic et l'analyse stratégique, à poser les balises vers les rampes de lancement des actions présentes et, les modèles stratégiques, aussi bien des modèles de performance que ceux de l'analyse du portefeuille d'activités, aidant à prendre des décisions stratégiques pour des actions futures. Le marketing est une science de la totalité.

Professeur NZENZA Mpangu

Avant-propos

La théorie sur le marketing a évolué. Tabler sur ses fondements revient à l'appréhender sous une approche épistémologique du fait que, de nos jours, le marketing s'insère dans la logique des sciences de gestion.

Pour la validité de toute recherche, force est à tout chercheur de s'y intéresser, car l'« épistémologie s'avère indispensable dès lors que l'on ne réduit pas la recherche en sciences de gestion à la production des techniques aveugles ou à la constitution a postériori de ce qui semble marcher mal ; d'où il est impossible de dériver des propositions ou des prescriptions pertinentes pour améliorer la vie des hommes ».[1].

De même l'épistémologie est « l'étude de la constitution des connaissances valables »[2]. Elle procède par une interrogation permanente doublée de la critique sur la genèse des savoirs, sur les méthodes qui conduisent à leur production, sur les formes diverses qu'ils revêtent, sur les critères qui permettent de les considérer comme valables, et ce, dans leur inévitable historicité.

Pour avoir migré de l'art, à la technique et de là à la science, le marketing est entré de plein pied dans la construction épistémologique ; car, il s'appuie sur les lois et les méthodes des fondamentaux scientifiques pour aborder les grandes questions de son management dans une succession d'opérations allant, d'une part, de l'achat des matières premières, à la production, et d'autre part, de la distribution à la consommation finale pour la satisfaction des besoins et des désirs de la clientèle.

En amont, le marketing dans son management intègre les aspects analytiques à partir d'un environnement donné avec ses quatre dimensions : (immédiat, micro, macro et

---

[1] MARTINET, A. Ch., PESOUEUX, Y., *Epistémologie des sciences de gestion*, Paris, Vuibert, 2013, p. 1

[2] *Idem*, p. 3

extra), tandis qu'en aval, il chemine avec toutes les stratégies de base pour propulser les intérêts du marché et de l'entreprise.

Trois parties constituent la charpente de cet ouvrage.

La première partie porte sur l'essentiel qui constitue la compréhension du marketing et le cadre théorique sur la construction scientifique du marketing. La deuxième partie présente le fondement d'une réflexion marketing, base d'une perception du marketing en amont. La troisième partie traite de la pratique marketing dans sa dimension managériale.

Introduction

Fondamentalement tourné vers le marché, le marketing est une discipline qui a évolué avec lui. Trop longtemps perçu comme un domaine réservé au contexte des entreprises ayant une activité commerciale ou industrielle, le marketing correspond en réalité aujourd'hui à un état d'esprit, une démarche et un ensemble de techniques universelles à deux paramètres : consommation et besoin. Les entreprises, les organisations et les institutions de toute nature et de diverse configuration sont censées le pratiquer.

En effet, représentée sous forme d'un système qui met en évidence les relations et interactions, d'une part, entre les hommes, les fonctions, et les opérations, et entre l'entreprise et l'environnement commercial, d'autre part, l'entreprise apparaît comme un sous-système d'un vaste ensemble dans lequel elle s'inscrit.

Depuis des lustres, l'entreprise éprouve le besoin d'offrir sur le marché des produits et services dans le but d'obtenir une contrepartie au travail fourni, aux capitaux investis et à l'énergie consommée. Pour elle, les produits et les services ne sont que de simples supports matériels d'échanges dont l'objectif est d'obtenir « le profit », comme objectif placé au service de finalités supérieures de l'entreprise. Alors qu'elle n'est pas seule institution sociale à rechercher cet objectif. Elle est cependant placée devant l'évolution de l'environnement commercial caractérisé par une mutation technologique, une diversification de la concurrence, une croissante et imprévisible fluctuation de la demande dictée non seulement par le comportement des consommateurs, mais aussi des effets de la mondialisation.

Une telle situation convie l'entreprise à ne pas simplement réfléchir sur les réalités quotidiennes des clients pour guider ses actions et interactions commerciales en vue d'atteindre d'une manière plausible les objectifs de développement, de rentabilité et de contrainte de temps.

Tout comme l'entreprise ne peut pas satisfaire tous les clients de la même façon. Il lui revient d'utiliser le marketing comme moyen optionnel pour lui permettre d'optimiser les objectifs poursuivis dans l'échange et de satisfaire, aussi le mieux possible, les besoins exprimés et latents des consommateurs.

Dans ces conditions, le marketing apparaît à la fois comme une discipline qui concourt à la conduite de l'entreprise et un moyen de gérer le marché non pas par la confirmation de la vente maintenant, mais plutôt de celle-ci dans une perspective d'avenir.

Réduit à l'essentiel, l'objectif du marketing consiste à attirer et à fidéliser les clients rentables. C'est pourquoi, les entreprises averties s'emploient à assouvir les désirs de leurs clients dans la mesure du possible sachant que certaines exigences sont légitimes et d'autres impossibles à réaliser. Car répondre à toutes les sollicitations revient à ignorer le ciblage et la discipline dans le choix à opérer.

Ainsi, outre les besoins de ses clients, l'entreprise doit chercher à connaître l'existence, les exigences, les besoins d'autres partenaires économiques, ce qu'il convient de produire et ce qui va se vendre.

Le marketing et ses outils aident l'entreprise à atteindre ses objectifs sans faille. Comme entrée en matière sur le processus qui facilite les échanges des produits et services, à partir de la production à la consommation finale, le marketing les « fondements » sous l'approche épistémologique est un enseignement qui pose les jalons sur la doctrine du marketing. Celle-ci est comprise comme « un ensemble d'actions ayant pour objet l'analyse du marché présent ou potentiel d'un bien ou d'un service et de mettre en œuvre les moyens permettant de satisfaire la demande ou, le cas échéant de la stimuler ou de la susciter ».[3].

Nous conviendrons avec Peter DRUCKER pour soutenir que le marketing est si fondamental qu'on ne saurait le regarder comme une fonction séparée. Il s'identifie à

---

[3] LE PETIT ROBERT cité par KOTLER, P., DUBOIS, B., *Marketing management*, 9è éd., Paris, Publi-Union, 1997, p. 33

l'ensemble de l'entreprise considérée du point de vue de son aboutissement final, c'est-à-dire, le client. C'est donc ce client qui détermine si l'on a réussi ou pas et non l'entrepreneur.

Le marketing sous l'approche épistémologique, les « fondements » traite les aspects fondamentaux du marketing de par sa compréhension dans la logique de la doctrine qui le fonde. Cet ensemble d'actions, au-delà de l'identification des opportunités tire sa source d'une réflexion marketing devant permettre d'apprécier une telle doctrine autour des applications diversifiées sur la théorie du marketing comprenant un dosage élémentaire des composantes du marketing – mix.

Le marketing – mix offre une pédagogie qui permet au marketeur de maîtriser les quatre fondamentaux du marketing, à savoir :

- Faire du marketing, c'est avant tout, penser demande avant toute décision, penser marché et penser distribution ;
- Faire du marketing, c'est concevoir la vente comme un phénomène organique total qui concerne toute l'entreprise dans son environnement. Donc l'entreprise n'a plus à faire seulement à des clients, mais à un marché total pour lequel elle agit ;
- Faire du marketing, c'est faire primer les fonctions marketing sur les fonctions de production compte tenu de la recherche de l'adaptation de l'entreprise à un environnement changeant ;
- Faire du marketing, c'est penser à l'innovation en vue de la différenciation et permettre d'aboutir dans une optique marketing à une plus grande satisfaction des consommateurs.

Première partie
L'essentiel sur la compréhension du marketing

Initialement et fondamentalement le marketing a évolué pour la conduite des affaires. Utilisé dans les domaines de la vie économique, politique, sociale et culturelle, sa compréhension en appelle à une observation complexe.

En effet, la pluridisciplinarité dans laquelle il s'inscrit dans son cheminement, son orientation tour à tour vers les produits et les organismes nécessaires pour mener à bien les processus d'échange et enfin vers les fonctions remplies pour effectuer les transactions, constituent autant d'éléments qui rendent complexe le marketing.

Eu égard aux entrelacs évoqués, il sied d'orienter notre réflexion sur les axes suivants :

- La triple dimension du marketing ;
- Les aspects évolutifs du marketing ;
- Le marketing pour quels rôles et objectifs ;
- Le regroupement du marketing.

Premier chapitre
Le marketing comme art, technique et science

✓ *Objectif du chapitre* :

A l'issue du chapitre, il sera question de démontrer que le marketing est réellement un art, une technique et une science.

✓ *Contenu du chapitre* :

Pour y parvenir trois points clés seront développés, à savoir :

- La logique sur la compréhension du marketing ;
- Les champs d'application du marketing ;
- Les piliers du marketing.

Section1. La Logique sur la compréhension du marketing

Le « marketing, compte tenu de la multidisciplinarité qu'il aborde, peut être défini au regard de certains fondamentaux sur lesquels il s'appuie. Il s'agit, notamment, du point de vue étymologique, du point de vue des usagers et du point de vue épistémologique ».[4].

1.1. Du point de vue étymologique

D'origine anglo-saxonne le terme marketing tire son étymologie de « market », rendu en français par le mot « marché ». Le suffixe « ing » qui, dans la conjugaison des verbes anglais exprime une action continue (continious tense), perd ses effets dans la langue française.

+

[4] MAMBU Mpudi N., P., *Le Marketing pour quelle autonomie épistémologique ?*, Paris, L'Harmattan, 2015, p. 44.

Figure 1. Décomposition du mot marketing

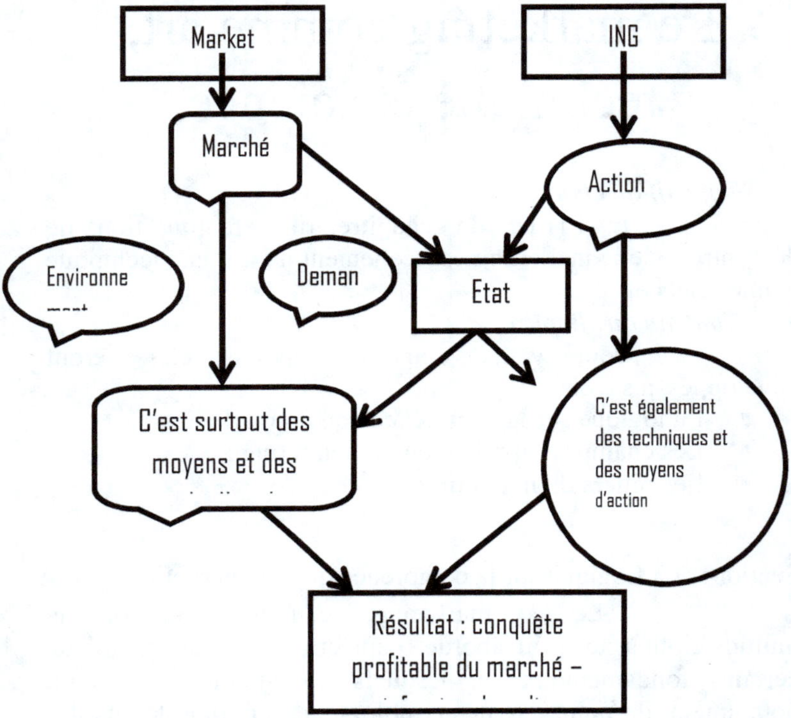

Source : Diagramme de LEHU, J.M., *Encyclopédie du marketing*, Paris, Ed. Eyrolles, 2012 adapté par nous.

Nous référant à Claude DEMEURE, il va sans dire que « bâti à partir du mot anglais market (marché), le terme Marketing explicite bien le concept de base qu'il désigne : consulter le consommateur (et de manière plus générale le marché) avant de prendre toute décision et d'entreprendre toute action commerciale[5].

[5] MAMBU Mpudi N., P., *Op. Cit.,* p. 46-47

Partant donc, le marketing consiste à :

- Identifier et mesurer les besoins et les souhaits du marché ;
- Choisir les groupes et les marchés cibles en fonction des caractéristiques de l'entreprise ;
- Offrir à un prix acceptable des produits et services adaptés aux besoins du marché ;
- Faire connaître et assurer la distribution de ces produits et services ;
- Atteindre les objectifs internes de l'entreprise.

Tout bien considéré, cette réflexion relève deux aspects essentiels du marketing : une compréhension à la fois artistique et technique confirmant qu'il est un art et une technique de s'assumer sur le marché.

1.2. Du point de vue des usagers

Il est courant, selon les voix autorisées de définir le marketing par rapport aux usagers. En effet, l'une des meilleures façons de comprendre le marketing, c'est de le définir du point de vue des usagers qui sont des professionnels d'une part, (Conseil, Professeurs ou Praticiens) et des profanes aussi (des citoyens qui n'ont pas de formation particulière) d'autre part[6].

1.2.1. Du point de vue des Profanes

Interrogés sur le marketing, les profanes y voient en premier lieu la publicité et les autres formes de promotion (actions). Si on leur demandait d'expliquer en quoi ces techniques consistent, ils décriraient l'influence exercée par les entreprises sur les citoyens pour les pousser à consommer tel produit ou tel service. Par-là, nous pouvons dire que "le marketing est essentiellement perçu comme un outil d'influence"[7].

---

[6] DEMEURE, C., *Aide-mémoire Marketing*, 6è éd., Paris, Dunod, 2008, p. 6

[7] MALAVAL, P. et SHALDECK, B., *Marketing, facteur de développement : L'émergence des pays du sud,*

1.2.2. Du point de vue professionnel

Interrogés également, les professionnels vont au contraire expliquer que le marketing consiste à aller « dans la tête des clients » afin de savoir de quoi ils ont envie aujourd'hui et dans l'avenir. Une fois la réponse apportée, deux nouvelles questions doivent être posées : est-ce que l'entreprise peut produire le bien souhaité ? Le projet est-il rentable ? Lorsque les deux réponses sont affirmatives, l'entreprise peut élaborer l'offre qui correspond à la demande prédéfinie. "Le marketing est alors essentiellement perçu comme un outil d'analyse"[8].
Les deux points de vue, mis ensemble laissent entrevoir que le marketing est à la fois un outil d'influence et un outil d'analyse.

Schéma n° 1 : Marketing, outil d'études et d'influence
Marketing – influence

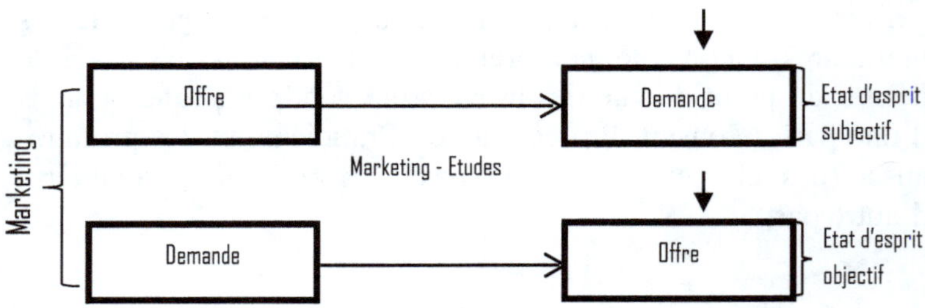

Source : MALAVAL, P. et SCHALDECK, B., *Marketing, Facteur de développement, L'émergence des pays du sud,* Paris, L'Harmattan, 2000, p. 12

Ce schéma permet de lever l'ambigüité sur l'objectivité et la subjectivité du marketing lors de l'élaboration de l'offre. En revanche, le marketing « d'influence » est souvent truffé de subjectivité en vue de séduire et convaincre les consommateurs à acheter l'offre telle qu'elle a été définie.

Paris, L'Harmattan, 2000, p. 11
[8] *Idem,* p. 12

Ici, encore apparaissent les deux aspects du marketing : art et technique. Il est utilisé par les profanes comme art et technique lorsque les professionnels s'y intéressent.

1.3. Du point de vue épistémologique

En tant que outil d'études et d'influence, le marketing répond au statut d'une science. En effet, « de par sa pratique, le marketing renferme un ensemble des connaissances qui ont évolué. Ses mutations ne sont pas finies ; l'une de meilleures façons afin de mieux le comprendre est de le considérer tour à tour du point de vue fonctionnel, scientifique et philosophique[9]. Sa pratique et ses mutations se fondent sur des principes et théories de gestion axées sur les résultats.

1.3.1. Du point de vue fonctionnel

Le marketing en tant que fonction de l'entreprise peut être appréhendé à la fois du point de vue hiérarchique et managérial.

a. Du point de vue hiérarchique

Dans une organisation de production, le marketing a pour rôle essentiel d'orienter toutes les fonctions de l'entreprise à satisfaire les besoins des clients.

Figure 2 : Position organique du marketing

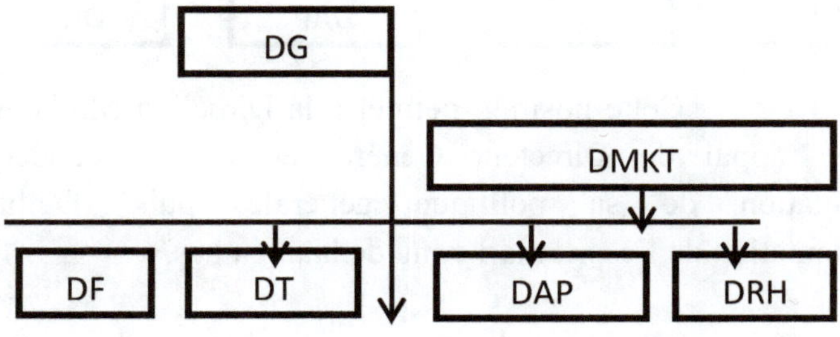

[9] MAMBU Mpudi N, P., *Op. Cit.*, p. 48

Par rapport aux autres directions, le marketing occupe une position privilégiée voire plus élevée pour deux raisons :

- Permettre d'envisager l'approche marketing intégré aux fins d'une coordination de toutes les actions de l'entreprise pour le besoin du marché ;
- Permettre l'implantation de l'esprit marketing, c'est-à-dire, amener tout le monde dans l'entreprise à considérer l'importance de la clientèle pour la réussite de l'entreprise.

Outre cette position, Kotler et Cie envisagent, le marketing radical, avec l'option que la Direction Générale se retrouverait au même niveau que la Direction marketing.

Figure 3 : Position du marketing radical

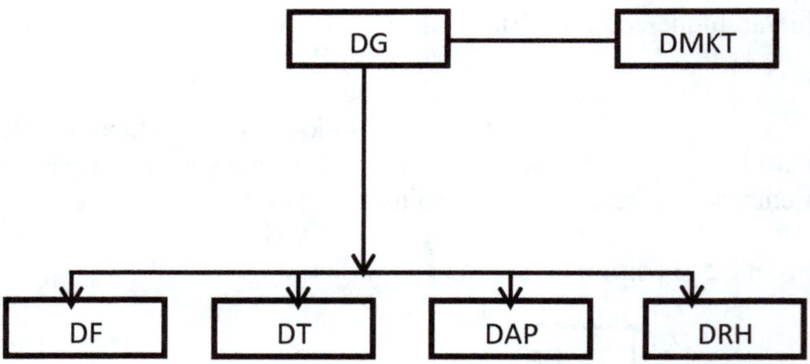

Cette position permet à la Direction Marketing d'être l'appui du Directeur Général en ce qui concerne l'orientation de sa politique générale, puis, faciliter l'implantation de l'esprit marketing de haut en bas.

b. Du point de vue managérial

Le marketing est considéré comme le management par excellence. Dans cette logique, le « marketing peut être envisagé comme un ensemble de principes de gestion qui doivent concourir à la rentabilité de l'activité de l'entreprise par une planification de toutes les actions de la firme tant internes qu'externes, à partir d'une analyse permanente du marché, afin d'assurer une satisfaction élevée aux consommateurs ».[10]. En d'autres termes, le marketing est « une conception de la politique commerciale qui part du principe que la fonction fondamentale des entreprises consiste à créer une clientèle et à la conserver et qui permet aux entreprises d'exploiter au maximum toutes les ressources dont elles disposent ».[11].

Considéré comme « fonction de l'entreprise, le marketing apporte les éléments nécessaires à la planification de la production, à la fixation des prix, à la promotion des ventes et à l'acheminement des produits jusqu'aux consommateurs ».[12]. Tout porte à croire que le Marketing est en principe une administration des affaires en action, un réseau artériel d'une organisation ; c'est à travers cette fonction que l'entreprise perpétue son existence.

1.3.2. Du point de vue scientifique

S'il est admis que la science est l'ensemble cohérent de connaissances relatives à certaines catégories de faits, d'objets ou de phénomènes obéissant à des lois et vérifiées par les méthodes expérimentales, il ne fait aucun doute que le marketing est perçu comme une des sciences humaines, une discipline ayant pour objet l'homme et ses comportements individuels et collectifs passés et présents face au besoin et désir à satisfaire.

---

[10] GINDROZ, JP., *Les Etudes de marché entant qu'approche psychosociologique du comportement d'achat*, Neuchâtel, Université de Neuchâtel, 1974, p. 8

[11] LEVITT, Th., *L'Esprit marketing* cité par VAN VRACEM, P., BOUTON, B., *Fondements du Marketing*, Bruxelles, De Boeck, 1997, p. 56

[12] D'ANNA, John P., *Rotation des stocks et marge bénéficiaire à l'américaine*, Paris, Ed. Entreprise moderne, 1963, p. 3

Dans ces conditions, le marketing apparaît comme « l'orientation de l'offre en fonction de la demande, du jeu des autres et des moyens dont on dispose dans un cadre politique donné ».[13].

Toutefois, l'offre que l'entreprise est censée mettre sur le marché devra prendre en compte :

- La demande (besoins et désirs des clients) ;
- Le jeu des autres (environnement commercial défini à travers les acteurs de micro – environnement et les forces de la macro – environnement) ;
- Des moyens dont on dispose (savoir-faire/technologie, surface financière et potentiel humain) ;

Une telle orientation s'accomplit à trois niveaux complémentaires :

- à long terme, relation entre entreprise et marché ;
- à moyen terme, relation entre produit et marché ;
- à court terme, relation entre action et marché.

Au regard de la décomposition du marketing, de ses outils d'études et d'influence, de sa composition organique, nous sommes d'avis avec Kotler et Dubois que « le marketing est le mécanisme économique et social par lequel individus et groupes satisfont leurs besoins et désir au moyen de la création et de l'échange des produits et autres entités de valeurs pour autrui ». C'est donc l'ensemble des activités humaines ayant pour but de faciliter et d'effectuer des échanges.

Or, les activités humaines suivent un certain trait évolutif. Elles ne sont pas statiques ; elles sont dynamiques. D'où, le marketing apparaît comme « l'adaptation permanente et systématique de la production à la consommation ».[14]. Il s'ensuit que le marketing s'est écarté de sa forme traditionnelle où il était perçu comme une science des consommateurs. Tout compte fait, pour l'heure, le marketing a adopté une considération nouvelle qui le lie à la philosophie d'une science de la satisfaction des besoins. Ainsi, le marketing devient une science de totalité.

---

[13] DORE, P., *Concepts de base marketing,* Paris, Nathan, 1973,

[14] VAN VRACEM, P., et BOUTON, B., *Op. Cit.*, p. 57

1.3.3. Du point de vue philosophique

Le marketing perçu à travers le prisme de ses facettes a évolué de manière dichotomique ; il s'est érigé à la fois comme « système de pensée » et « système d'action ».[15].

Sans cette approche philosophique, le marketing cesse d'être l'apanage de seuls commercialistes. Il devient une philosophie, un cheminement de la pensée centripète « qui consiste à analyser les besoins exprimés ou latents tant du point de vue quantitatif que qualitatif ».[16].

Dans cette logique, « le marketing est un état d'esprit et une attitude, un choix de gestion et un ensemble de techniques qui permettent, à travers une offre de biens et services, de satisfaire les besoins et le désir du consommateur d'une manière rentable pour l'entreprise ».[17]. Ceci revient à dire que :

- Le marketing est un état d'esprit et une attitude du fait qu'il ne concerne pas seulement le responsable du marketing mais tout le monde dans l'entreprise doit reconnaitre l'intérêt du public pour la vie de l'entreprise ;
- Le marketing est un choix de gestion, parce que toute entreprise se doit de choisir un mode de gestion le mieux adapté à ses ambitions ;
- Le marketing est un ensemble de techniques parce que si l'état d'esprit et le mode de gestion sont indispensables à la pratique du marketing, seul le savoir-faire permet d'atteindre l'excellence.

Tout bien considéré, le marketing défini sous la trilogie (fonction, science et philosophie), devient un outil d'études et d'influence d'une part, un trait d'union entre l'entreprise et le marché et un élément réfléchi qui a le pouvoir réfracteur des finances dans l'entreprise d'autre part.

---

[15] LAMBIN, J.J., *Le Marketing stratégique : Fondements nationales et applications*, 2è éd., Paris, McGraw-Hill, 1989, p. V

[16] BLANCHE, B.C., *Introduction au marketing,* Paris, Dunod, 1969.

[17] MICHON, Ch., *Le Marketeur : Fondements et nouveauté du marketing*, 2è éd., Paris, Pearson Education, 2006, p. 6.

Figure 4 : Processus d'action marketing dans l'entreprise

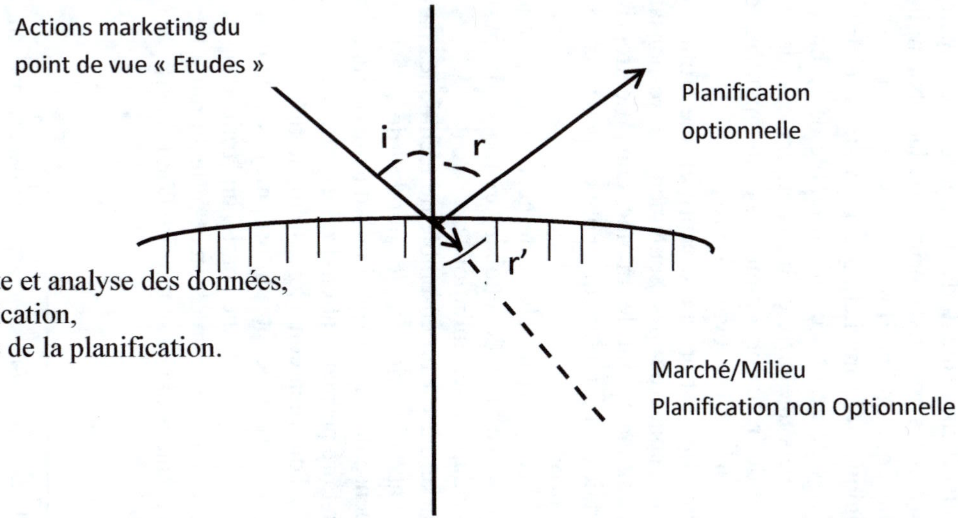

i = collecte et analyse des données,
r = planification,
r' = échec de la planification.

Figure 5: Processus d'action marketing

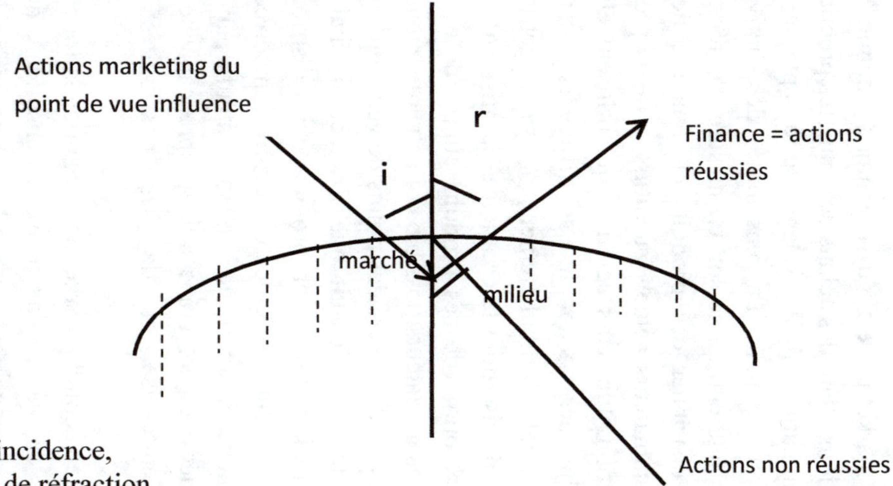

I = angle incidence,
I' = angle de réfraction,
r = angle de réflexion.

La réponse du marché est fonction des actions entreprises car, une meilleure action, bien étudiée et bien conduite (exécutée) conduit à de bons résultats.

Dans ces conditions, le marketing peut être envisagé comme un système dont le rôle consiste à permettre à l'entreprise d'établir et de promouvoir des relations fructueuses avec son marché à travers les champs de force auxquels les deux éléments sont confrontés.

Le marketing est aussi compris comme une succession d'opérations allant des achats des matières premières jusqu'à la consommation finale. Dans cette optique, le marketing est perçu comme un ensemble des activités nécessaires pour qu'une entreprise soit en mesure de créer, de promouvoir et de distribuer des produits en fonction de la demande des consommateurs actuels ou futurs et de sa propre capacité de production. Plusieurs activités qui utilisent elles-mêmes diverses techniques et s'appuient sur différents principes d'action se rapportent particulièrement à trois activités poursuivies par l'entreprise dont la création et la mise au point des produits, la promotion, de ces produits auprès d'un plus grand nombre de consommateurs possible et l'acheminement ou la distribution de ces produits vers des points de vente en grand nombre et accessibles. Il s'ensuit que l'aspect original du marketing réside dans le fait de créer, promouvoir et distribuer. Ces trois actions se fondent sur l'étude et l'évaluation correctes de la demande actuelle et future des consommateurs par des techniques appropriées, et ce, grâce à la propre capacité de production de l'entreprise et de ses possibilités de développement.

Cette vision du marketing partant de la fonction à la gestion et de là à la pensée consolide, deux positionnements. Techniquement, le marketing se réfère à la position hiérarchique et managériale voire pratique. Le volet scientifique et philosophique aborde le marketing à la fois comme système de pensée et d'action.

Pour l'heure, la logique sur la compréhension du marketing face à sa pratique et ses mutations pose, à coup sûr, le problème de sa dénomination : *market + ing ou market + logos (marketologie) ?*

Section 2. Champs d'application du marketing

Le marketing a élargi son champ d'application pour toutes sortes d'organismes, à but lucratif ou non, au point de traverser même le marché domestique pour s'appliquer sur divers secteurs et entités développés ci-dessous.

2.1. Secteur d'application du marketing

Le marketing s'applique dans trois secteurs :

- Secteur marchand ;
- Secteur non marchand ;
- Secteur international.

2.1.1. Secteur marchand

Le marketing s'est d'abord implanté dans le secteur des produits de grande consommation avant de s'étendre dans le secteur des biens durables à celui des biens industriels où la clientèle potentielle est réduite et professionnelle. Celle-ci semble rationnelle.

Les entreprises de services n'y sont venues que plus tard en tenant compte des particularités des services (immatériels, périssables, non uniformes) et en mettant en place des techniques spécifiques.

2.1.2. Secteur non marchand

De plus en plus, les institutions telles que les écoles, groupes confessionnels, associations professionnelles et culturelles, hôpitaux, musées, centres culturels, partis politiques, utilisent des techniques marketing pour connaître les attitudes et perceptions de leurs clients et mettre en place dans les meilleurs délais les stratégies de réponse.

2.1.3. Secteur international

Les entreprises voire les institutions se rendent compte de l'importance de s'internationaliser et de se mondialiser. Pour le bénéfice de leur réussite, elles doivent en connaître leur spécificité et celle de leurs consommateurs en vue de faire le choix entre un marketing global, c'est-à-dire, s'appuyant sur une homogénéité des habitudes de consommation, et un marketing plus différencié, c'est-à-dire, qui s'appuie sur des particularités locales.

2.2. Entités d'application du marketing[18]

Pour l'heure, le marketing s'est étendu dans différentes entités qui intéressent la vie humaine. Dix entités peuvent faire l'objet de nos investigations.

A ce propos, dix entités peuvent faire l'objet des investigations suivantes :

a. Les biens. Les biens rassemblent des activités diverses à travers les produits de grande consommation, les produits durables et les produits industriels.
b. Les services. Ils intègrent les activités aussi diverses que les transports, la banque, l'hôtellerie, l'assurance, la coiffure, les sports ainsi que de nombreuses professions libérales prises en compte comme les experts comptables, les Avocats, les médecins, les consultants, etc.

   La plupart des offres comprennent à la fois les biens et les services. A titre d'exemple, dans un restaurant les clients consomment les biens alimentaires et les services. Ils retiennent, aujourd'hui, une proportion importante de l'activité économique dans différents pays.
c. Les évènements. La production des évènements et leur gestion dans les moindres détails en vue, d'attirer les

---

[18] KOTLER, K., KELLER, K. et MANCEAU, D., *Marketing management,* 15è éd., Paris, Nouveaux Horizons, 2015, pp. 6-8

spectateurs et de bien dérouler constituent un métier à part entière, pour assurer la promotion des évènements internationaux ou nationaux. Il est de même dans le secteur sportif avec le Mondial de football, jeux olympiques voire des salons professionnels, des foires, des représentations artistiques.

d. Les expériences. En orchestrant plusieurs services et produits, il est loisible de créer, de mettre en scène et commercialiser des expériences. Cette notion d'expérience est fondamentale pour comprendre le marketing d'aujourd'hui dans lequel le consommateur vit avec la marque un moment particulier dont le contexte et l'ambiance ont autant d'importance que les caractéristiques objectives du produit qu'il achète.
e. Les personnes. De nos jours avec la fulgurance avancée des TIC, les personnes suivent de très près leur image. Si hier, seuls les célébrités et les artistes s'accordaient du prix, à leur image de marque, actuellement, la génération de l'utilisation des réseaux sociaux nous convie tous à laisser les traces sur notre passage. En effet, artistes, musiciens, PDG de renom recourent au marketing, souvent réalisé par leurs agents ou par des agences de communication.
f. Les endroits. Les villes, les Etats, les régions entrent en concurrence pour attirer les touristes, les investissements (usines, sièges sociaux d'entreprises) et de nouveaux résidents. Les spécialistes de cette forme de marketing se présentent sous divers moules : tels que experts économiques en développement, agents immobiliers, banques, associations locales, agences de publicité et de relations publiques.
g. Les propriétés. Elles concernent les biens immobiliers (bâtis ou non) et mobiliers (actions et obligations). Les propriétés sont achetées et vendues, parfois louées

nécessitent donc un effort marketing. Les agents immobiliers agissent ainsi pour le compte de propriétaires ou de clients.

h. Les organisations. Ce sont des entreprises, des musées, des associations. Elles s'appuient sur le marketing pour améliorer leur image auprès du public, attirer une forte audience et obtenir des dons substantiels. De nombreuses universités et grandes écoles dispose d'un directeur marketing en charge de gérer leur image et de renforcer leur attrait auprès des étudiants à travers des actions telles que des campagnes de publicité, des relations presse ou une forte présence sur les medias sociaux.

i. L'information. Elle correspond à ce que les livres, les écoles, et les universités proposent aux lecteurs, aux parents et aux étudiants.

j. Les idées. Toute offre s'articule autour d'une idée de base. Lorsque l'idée est l'objet même de la politique marketing et qu'elle est favorable au bien-être de la société, ipso facto, l'entité d'application de marketing et d'ordre social. On parle de marketing social. Celui-ci peut être réalisé par les pouvoirs publics ou les organisations à but non lucratif. Il s'appuie fortement sur la publicité mais exige une demande marketing plus complète.

   Exemple : A l'usine, nous fabriquons des cosmétiques, en magasin, nous vendons de l'espoir, une idée de Charles REVLON, de REVLON.

Section 3. Piliers du Marketing

Les piliers du marketing, nous renvoient à deux concepts clés : vente et marketing.

Par rapport à l'entreprise, ces concepts diffèrent significativement[19].

Tableau n° 1 : Différence entre vente et marketing

Vente	Marketing
1. On met l'importance sur le produit.	1. On met l'importance sur les besoins du consommateur.
2. L'entreprise fabrique le produit et détermine ensuite les moyens pour le vendre.	2. L'entreprise identifie d'abord le désir du consommateur et détermine ensuite un moyen rentable de fabrication ; elle mettra alors le produit à la disposition des consommateurs.
3. L'orientation se fait selon les besoins de l'entreprise.	3. L'orientation se fait selon les besoins des consommateurs.

Selon le concept « vente », à partir des produits existants l'entreprise déploie des efforts de publicité, et de promotion de vente, en vue d'engendrer un volume de vente suffisant.

A l'opposé, selon le concept « marketing », l'entreprise se fonde sur les besoins des clients actuels et potentiels, et prévoit, grâce à un ensemble coordonné de produits et de programmes, de satisfaire ces besoins pour lui permettre de réaliser ses objectifs.

---

[19] BERGERON, P.G., *La Gestion moderne, théorie et cas,* Canada, Gaétan Morin, 1984, p. 331

Ces deux concepts permettent de développer trois piliers essentiels du marketing, à savoir :
L'orientation vers le client ;

- Le marketing intégré ;
- La satisfaction du client.
-

3.1. L'orientation vers le client

Selon LEVITT, « La vente vise les besoins du vendeur, le marketing ceux de l'acheteur ».[20]. Du point de vue « vente » le vendeur se préoccupe de convertir les produits en argent liquide, tandis que le marketing se soucie de satisfaire les besoins des clients à l'aide du produit et de l'intelligence de l'ensemble des sciences qui l'accompagnent. De cette orientation, se dégagent un certain nombre de concepts-clés du marketing.

a. Les besoins et les désirs de la demande : sont les trois concepts-clés du marketing. Il sied de rappeler que le marketing trouve sa justification dans l'extraordinaire diversité des besoins et désirs de l'être humain. En effet :

- Un besoin naît d'un sentiment de manque lié à la condition humaine. Pour vivre, l'être humain a besoin entre autres choses, de manger, de se vêtir, de s'abriter, d'être en sécurité, de se sentir membre d'un groupe et d'être estimé. Ces besoins ne sont pas créés par la société, ni par le marketing. Ils existent à l'état brut, dans la nature humaine.

- Un désir est un moyen privilégié de satisfaire un besoin. C'est un besoin qui porte sur un objet spécifique. Une personne a besoin de manger et son désir peut porter sur une banane.

---

[20] LEVITT, Th. cité par VAN VRACEM, P. et BOUTON, B., *Op. Cit.*, p. 49

Les besoins sont donc en nature limitée et les désirs, culturellement différenciés, sont infinis. Et partant, les désirs sont constamment l'objet de modifications introduites par des institutions sociales telles que l'école, la famille et l'entreprise.
La distinction entre besoin et désir permet de répondre à l'accusation si souvent proférée selon laquelle, le marketing crée des besoins ou bien encore, le marketing force les gens à acheter des produits dont ils n'ont pas besoin.
Le marketing ne crée pas de besoins pour la bonne et simple raison que ceux-ci préexistent. Le marketing par contre, de concert avec d'autres forces sociales influence les désirs.

- Une demande correspond au désir d'acheter certains produits, soutenus par un pouvoir et un vouloir d'achat. C'est le nombre d'unité d'un bien particulier qu'un consommateur est disposé à acheter durant une période de temps donnée.

Le pouvoir d'achat est l'indice de niveau de vie des consommateurs. Il est mis en évidence par la formule suivante :

$$\text{Pouvoir d'achat} = \frac{\text{indice de salaire}}{\text{indice de prix}}$$

b. Concepts d'appui au marketing

- L'offre est l'ensemble des biens et services proposés par les entreprises pour satisfaire les besoins des clients.
- Le marché, en économie, est le lieu de rencontre de l'offre et de la demande où un ajustement par les prix doit se réaliser. En marketing, le marché est constitué par l'ensemble des clients capables et désireux de

procéder à un échange leur permettant de satisfaire un besoin. On utilise le terme secteur pour designer l'offre.

- L'échange est l'acte qui consiste à obtenir quelque chose en contrepartie d'autres choses dans les conditions suivantes :

  - Si l'accord intervient entre différentes parties qui échangent, une transaction s'ensuit.
  - Lorsque les accords entre les parties se prolongent pour constituer un partenariat durable, l'on peut alors parler de relations.

- La concurrence concerne toutes les offres rivales que les clients peuvent acheter ;
- La valeur représente le rapport entre les bénéfices attendus et les coûts perçus par les clients (qualité/prix).

Figure 6 : Composants de la valeur

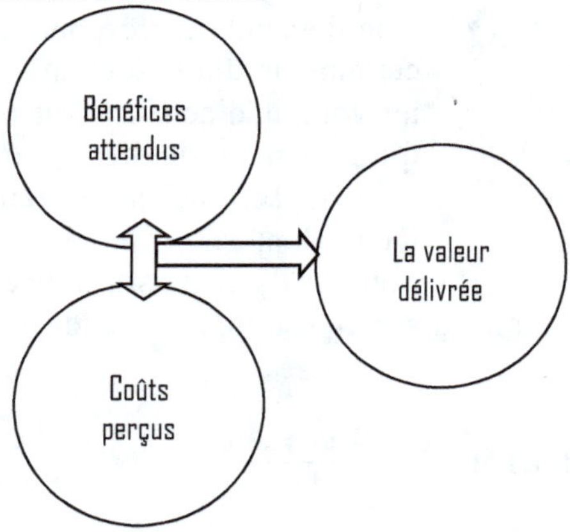

c. Les groupes cibles

Une entreprise, lorsqu'elle définit une catégorie de besoins de base vers laquelle elle souhaite orienter ses efforts, a conscience de l'impossibilité de répondre à toutes les manifestations de ce besoin en offrant tous les produits possibles à fabriquer face à l'existence de nombreux segments à l'intérieur de chaque marché. Force lui est de procéder par la technique de segmentation.

Celle-ci consiste à découper le marché global en un nombre assez réduit de sous-ensemble que l'on appelle segments. Il importe que chaque segment soit suffisamment homogène quant à ses comportements, ses besoins, ses motivations, etc. Les segments retenus doivent être suffisamment différents les uns des autres, pour justifier les politiques (ou des traitements de marketing distincts) de mise en œuvre.

En d'autres termes, la segmentation répond à un ensemble des méthodes ayant pour objet le découpage d'un marché en segments homogènes et distincts. Elle tire ses origines de deux options extrêmes qui consistent respectivement à :

- Tenir compte des particularités de chacun des individus composant le marché par une politique de « sur mesure ». Exemple : entreprises artisanales de menuiserie, de peinture, etc.
- Ignorer délibérément les différences qui peuvent exister entre les consommateurs et ne s'intéresser qu'au consommateur moyen et pratiquer une politique indifférenciée.

Toutefois, à partir de la segmentation, l'entreprise essaiera de répondre aux variations des besoins de différents groupes cibles qu'elle a choisies en proposant des produits, des messages, et des programmes de marketing différenciés ou adaptés.

d. L'étude du consommateur

L'étude du consommateur permet de mesurer, d'évaluer et d'interpréter les désirs, les attitudes et les comportements de différents groupes cibles.

e. La stratégie de l'avantage différentiel

La stratégie de l'avantage différentiel porte sur les éléments de la réputation de l'entreprise, de ses ressources ou des possibilités de produits qu'elle peut présenter comme avantages différentiels par rapport aux produits et aux services de ses concurrents en vue de gagner des clients et de bien les servir.

3.2. Le marketing intégré

Le marketing intégré est envisagé à deux niveaux :

- L'entreprise doit s'employer à se créer des clients et prendre au niveau de l'organisation, des mesures nécessaires à mettre en œuvre le marketing. Les différentes fonctions de l'entreprise doivent reconnaitre que les mesures qu'elles prennent (et non seulement le travail du personnel des ventes et de marketing) ont une incidence profonde sur la capacité de l'entreprise de se créer et à conserver des clients. Pour tout dire, la compénétration de toutes les fonctions de l'entreprise pour résoudre le problème des clients, c'est le marketing intégré.
- Le marketing intégré signifie aussi qu'au sein de la fonction marketing, il doit exister une adaptation et une coordination intelligentes des 4 P (Product, Price, Place, Promotion) susceptibles de créer de solides relations d'échanges avec les clients, de sorte que :
    - Le prix doit être fixé en rapport avec la qualité du produit,
    - Les circuits de distribution doivent tenir compte du rapport entre le prix et la qualité du produit,
    - La promotion doit être faite en rapport entre les circuits de distribution, le prix et la qualité du produit,
    - Les efforts fournis par l'entreprise au nom des clients doivent être coordonnées dans le temps et l'espace.

3.3. La satisfaction du client

S'employer à se créer des clients pour les maintenir revient à satisfaire leurs besoins. En effet, la satisfaction du client est l'indice de la réussite à long terme de l'entreprise. Elle doit être recherchée non pas directement, mais comme un sous-produit de la résolution du problème. La satisfaction du client doit tenir compte de la gestion de l'entreprise, de l'intérêt des consommateurs à court terme et leur bien-être à long terme.

Somme toute, la satisfaction correspond au jugement d'un client après avoir comparé les performances perçues du produit avec ses attentes.

Figure 7 : Le processus de satisfaction du consommateur

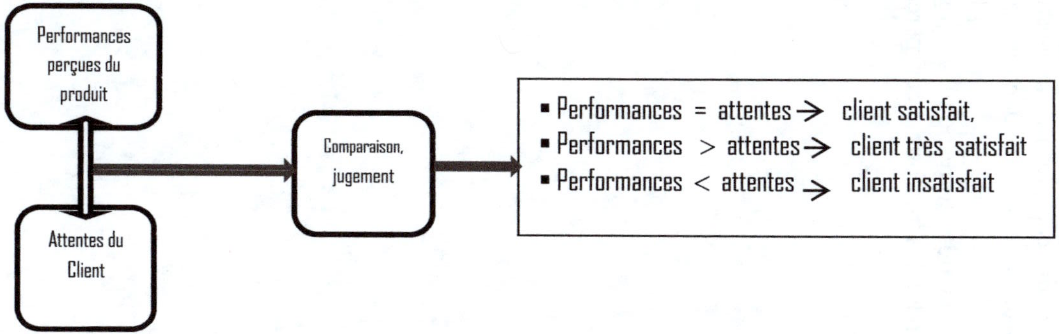

La satisfaction du consommateur en appelle à un marketing responsable basé sur un équilibre entre les facteurs ci-après :

- Les désirs et les intérêts du consommateur ;
- Les objectifs de l'entreprise ;
- Le bien-être de la société.

Conclusion

Partant de la logique marketing de ses champs d'application et de différents éléments sur lesquels il s'appuie, il s'avère qu'initialement, en marketing, la pratique a précédé la théorie. Cette pratique a évolué comme art et technique :

- L'art est perçu comme savoir appliqué par les profanes dans leurs activités commerciales. En effet,« à la ville comme à la campagne, pour les riches comme pour les non riches, les jeunes comme les moins jeunes, le marketing sert à faire vendre ».[21] ;
- De même que la technique est considérée comme un savoir appliqué par les professionnels ; ainsi le marketing est perçu comme un véritable management d'entreprise.

La théorie est revêtue de l'aspect scientifique, c'est-à-dire, des lois, des méthodes inhérentes à toute discipline humaine. Le marketing est une science du fait que le savoir appliqué par les scientifiques et les chercheurs permet l'étude épistémologique du terme marketing. A en croire, la marketologie pour aborder toutes les questions : marchandes et non marchandes.

---

[21] DURAFOUR, D., *Marketing et action commerciale*, Paris, Dunod, 2000, p. 1

Deuxième chapitre
Les aspects évolutifs du marketing

✓ Objectif du chapitre

Ce chapitre permet de comprendre que le marketing trouve son essence dans la pratique (art et technique) qui a donné naissance à sa théorie (épistémologie) pour se muer en une véritable science avec des lois et des méthodes.

Discourir sur la scientificité d'une discipline renvoie à une réflexion épistémologique qui définit les fondements, les méthodes, les objets et les finalités de la science. La science : n.f (du latin scientia, de scire, savoir) est une discipline ayant pour objet l'étude des faits, des relations véritables. L'épistémologie, de par son étymologie et la syntaxe des théories, est un discours sur la science.

Il s'agit ici de discourir sur le concept marketing en tant que science dans son contexte historique.

✓ Contenu du chapitre

En vue de mieux cerner le contenu du concept marketing, il serait de bon aloi de l'appréhender tour à tour.

- Par rapport à l'évolution de la société de consommation,
- Par rapport à l'évolution hiérarchique du marketing en tant que fonction d'entreprise,
- Par rapport à l'évolution de la philosophie managériale du marketing,
- Par rapport à l'espace,
- Par rapport à son contenu.

Un tel exercice vaut son pesant d'or lorsque l'on sait que le marketing est une discipline scientifique récente qui continue de connaître une mutation importante qualifiée de révolutionnaire et caractérisée par des aspects évolutifs.

Section 1. Evolution du marketing en rapport avec la société de consommation.[22]

La théorie de la consommation constitue le trait caractéristique de l'évolution de la société de consommation. Celle-ci a influencé la naissance du marketing. L'on ne dira jamais assez que le marketing intervient quand l'offre devient supérieure à la demande, c'est-à-dire lorsque l'ensemble de ce que les entreprises proposent dépasse l'ensemble de ce que les clients peuvent acheter.

Ce principe a donc évolué avec l'inversion des données économiques.

Figure 8 : Apparition du marketing avec l'inversion des données économiques.[23]

Types d'économie	Caractéristiques de l'économie
Economie de production	Offre < Demande
Economie de distribution	Offre = Demande
Economie de marché	Offre > Demande
Economie d'environnement	Offre +> Demande
Nouvelle économie	Offre ++ > Demande diversifiée personnalisée

Quatre temps caractérisent le marketing : l'absence du marketing dans les deux premières périodes dites d'économie de production et d'économie de distribution, l'apparition du marketing en économie de marché, l'évolution du marketing dans l'économie d'environnement et la révolution du marketing dans la nouvelle économie.

[22] MAMBU MPUDI N., P., *Op. Cit.*, pp. 23-24
[23] *Idem*, *Op. Cit.*, p. 24

Les éléments suivants ont été observés :

Période	Caractéristiques
▪ L'époque du troc	L'art de vendre
▪ Avènement de la monnaie et début du capitalisme XVIIᵉ S	Concentration vers la fonction de production. ; Il y a eu le développement de la vente et de la distribution.
▪ Production de masse XXᵉ S (1910) et ▪ Distribution de masse (1930)	Concentration sur la fonction vente. Il y a eu le développement de marque, de l'emballage, de la publicité et d'autres activités commerciales

- La deuxième période correspond à la naissance du marketing. Elle est caractérisée par l'économie du marché.

Période	Caractéristique
Société d'abondance (1960)	Début du marketing avec l'objectif de fournir aux clients ce qu'ils demandent.

- La troisième période est dominée par l'économie d'environnement et concerne la société de crise (1970) et la société de croissance limitée.

Période	Caractéristique
Société de crise (1970)	Le marketing ne s'occupe plus de ce qui est marchand. Il s'étend sur l'environnement de l'entreprise
Société de croissance limitée	Le marketing se fonde sur la rentabilité de l'entreprise. Il se base sur l'innovation et la créativité.

- La quatrième période se caractérise par la nouvelle économie. Elle concerne la société actuelle.

Période	Caractéristique
Société actuelle (21e siècle)	Mondialisation et développement des technologies nouvelles de l'information et de la communication. Développement du marketing internet.

Section 2. Evolution hiérarchique de marketing en tant que fonction d'entreprise

La fonction marketing telle qu'elle existe aujourd'hui résulte d'une longue évolution. Au départ, dans les années 1970, la fonction commerciale est l'une des fonctions importantes à côté de la production, de l'administration, des finances et de la gestion du personnel.

Progressivement, la fonction précitée s'est enrichie des études de marché en amont et de la communication en aval, au point de s'appeler marketing-ventes. Au fur et à mesure de la prise de conscience de la prééminence du client, la fonction marketing va accroître son rôle au point d'être caricaturalement centrale dans l'organisation de l'entreprise.

La fonction marketing-ventes n'est plus fondamentalement plus importante que les autres. Toutefois, cette fonction joue un rôle essentiel dans l'organisation en incarnant de plus en plus le rôle « d'ambassadeur du client » auprès des autres services, notamment, les services de production et celui de l'administration et des finances.

Cette évolution est caractérisée par quatre aspects suivants :

- Comme l'une des quatre fonctions essentielles de l'entreprise ;
- Comme fonction primordiale ;
- Comme fonction intégratrice ;
- Comme fonction confondue à l'entreprise.

La situation suivante est observée sur le plan organique :

Tableau 2 : Evolution du marketing en fonction de ses caractéristiques

Evolution	Caractéristiques
Service des ventes ↓ Service commercial ↓ Service marketing autonome ↓	Le marketing est l'une des quatre fonctions essentielles
Département marketing ↓	Le marketing est la fonction primordiale
Entreprise orientée vers le marketing ↓	Le client est au centre de l'entreprise et le marketing est la fonction intégratrice
Entreprise confondue au marketing	Le client est partenaire de l'entreprise et le marketing équivaut à la direction générale (marketing radical) et à la fonction sociétale intégrant la valeur écologique.

Ces évolutions du marketing de service des ventes au marketing radical sont intégrées dans les trois logiques suivantes :

- La conception unilatérale. Ici la fonction marketing n'existe pas. Seule la vente est considérée comme nécessaire pour répondre au succès commercial de l'entreprise ;
- La conception bilatérale. Dans ce cas, l'activité marketing et l'activité commerciale sont différentes significativement : la fonction marketing fait d'abord une apparition timide, puis progressivement s'accroit et un poste de directeur marketing est créé, jusqu'à jouir

d'une autonomie sur le plan hiérarchique. La séparation de pouvoir entre le directeur marketing et le directeur commercial s'en est suivie ;

- La conception intégrée. Celle-ci consiste à légitimer la prédominance du marketing sur le commercial.

Le diagramme ci-dessous illustre les caractéristiques évolutives du marketing en cinq temps, de la manière suivante :

Figure 9 : Trait évolutif du marketing

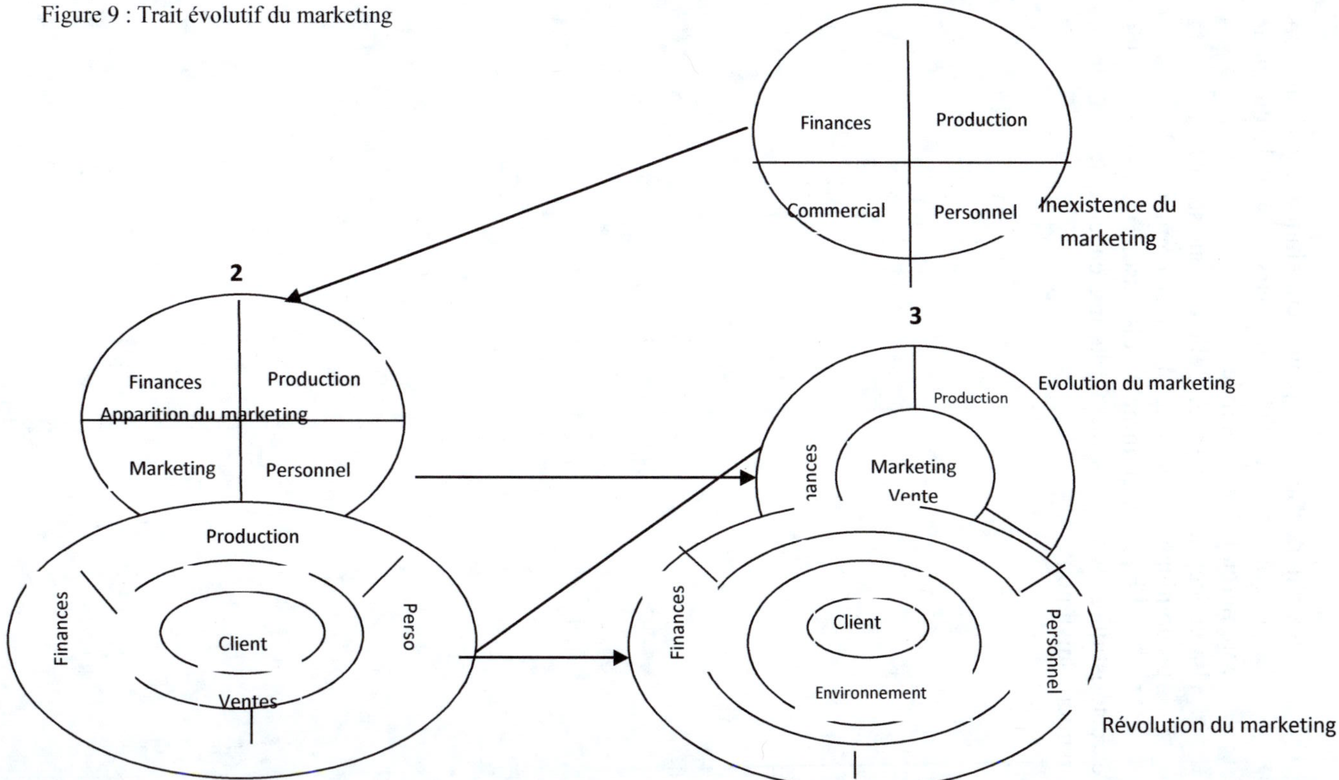

Légende :

Evolution du marketing

1. L'inexistence du marketing ;
2. Le marketing est l'une des quatre fonctions de l'entreprise ;
3. Le marketing est au centre de la vie de l'entreprise ;
4. Le client est au centre de l'entreprise ; le marketing est la fonction intégratrice ;
5. Le client et l'écologie constituent le point focal de l'entreprise ; le marketing est la fonction intégratrice.

2.1. Le Marketing est l'une de quatre fonctions essentielles

En tant que l'une de quatre fonctions essentielles, l'activité marketing peut être réalisée selon une structure donnée soit au sein d'un service des ventes, soit dans un service commercial voire comme dans un service autonome.

2.1.1. Service des ventes

La fonction de vente est prise en charge par un chef ou directeur des ventes qui gère des représentants (force de vente).

Lorsque l'entreprise a besoin d'effectuer une étude ou de mettre en place une compagne publicitaire, c'est le directeur des ventes qui en prend la responsabilité parce que cette activité lui revient dans la structure organique.

Cette structure est représentée comme suit :

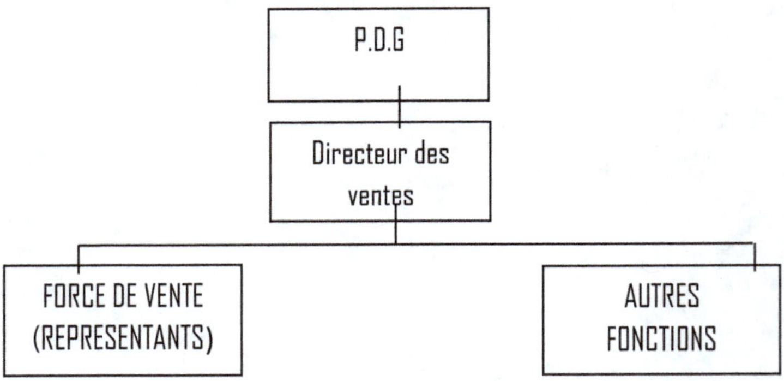

2.1.2. Service commercial

Au fur et à mesure que l'entreprise se développe, la nécessité de faire des études de marché et de la publicité s'impose pour assurer un service clientèle de façon plus régulière.

Pendant que le directeur commercial consacre la majeure partie de son temps à s'occuper de la force de vente, force sera de recruter un responsable marketing pour prendre en charge les autres activités

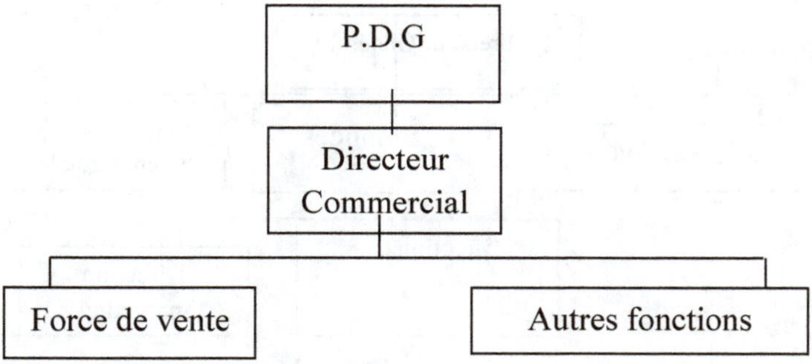

Ces deux schémas constituent l'étape primaire appelée « la conception unilatérale ».

Elle laisse entrevoir que la fonction marketing n'existe pas. Dans cette optique, seule, la vente est considérée comme nécessaire au succès commercial des produits.

2.1.3. Service marketing autonome

La croissance continue de l'entreprise renforce inévitablement l'importance de ces autres activités (études et recherches, lancement de nouveaux produits, publicité, promotion, service clients) aux dépens de l'activité de vente, c'est-à-dire, l'activité marketing d'une part et l'activité commerciale d'autre part.

Ces fonctions diffèrent significativement et constituent l'étape suivante appelée « conception bilatérale ». Dans la pratique, la fonction marketing fait d'abord une timide apparition au sein de la fonction commerciale ; puis progressivement. La reconnaissance du marketing s'accroit et aboutit à la création du poste de directeur marketing.

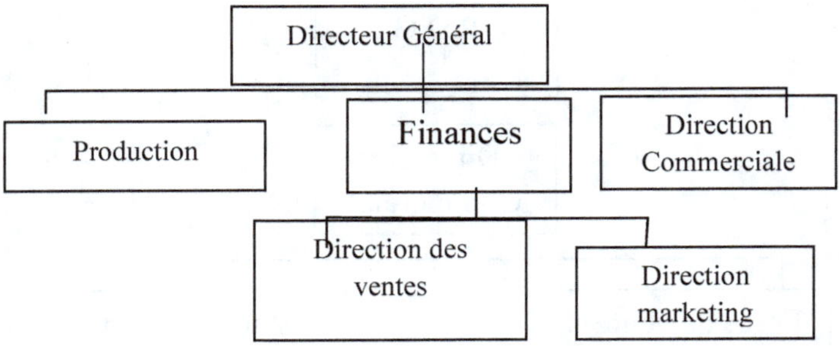

Initialement, le directeur marketing gère une équipe qui progressivement va s'étoffer avec un chargé d'études, un chef de produit, un chef de publicité pendant que le marketing reste sous les ordres du directeur commercial.

Comme le directeur commercial à tendance à les négliger, à l'évidence, le Directeur Général, sera contraint de créer un service marketing autonome. Une séparation des attributions s'ensuivra entre le directeur commercial et le directeur marketing comme indiqué ci-dessous :

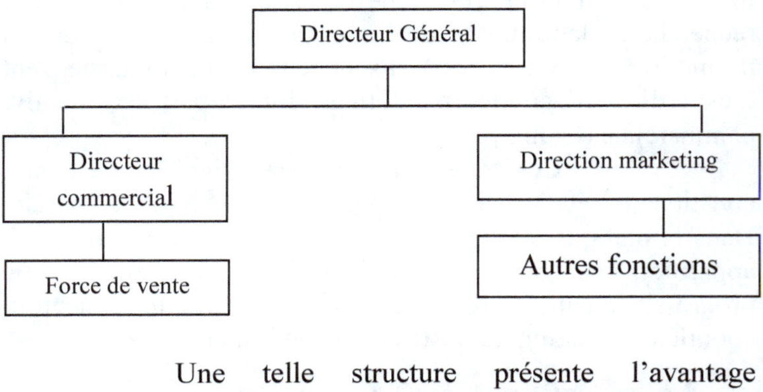

Une telle structure présente l'avantage d'équilibrer les réflexions à court terme et à moyen terme.

Supposons qu'une entreprise voie baisser ses ventes, le directeur commercial recommandera probablement de recruter des ventes supplémentaires, de dynamiser un concours de vente et de réaménager les prix, tandis que le Directeur marketing va s'employer aux questions de fond : telles que le choix de cible, des changements à apporter au produit, à son emballage, aux services qui l'entourent, à sa distribution ou à sa promotion.

Le plan d'action de l'entreprise va également comporter à la fois les réorientations stratégiques et les réponses tactiques.

2.2. Le marketing est la fonction primordiale

- Département marketing

Théoriquement, le directeur commercial et le directeur marketing sont appelés à travailler en étroite collaboration. Toutefois, il est courant de constater que leurs relations se caractérisent pour une certaine méfiance.

Le directeur commercial n'accepte guère de voir l'importance de la force de vente diminuer au sein du marketing-mix, par contre le directeur marketing cherche à étendre son autorité sur toutes les fonctions qui ont un impact sur le client. Il se dégage deux visions opposées. En effet, le directeur commercial se préoccupe surtout des ventes immédiates et accuse une vision à court terme.

Le directeur marketing préfère envisager le moyen terme en se souciant davantage de modifier la gamme de produits et d'adapter la stratégie aux besoins de la clientèle.

A l'analyse, il apparaît que l'équipe commerciale et le groupe marketing procèdent d'une culture différente au sein de l'entreprise. Les agents commerciaux, ont pour la plupart, fait moins d'études mais plus pratiques sur terrain. Par contre, les marketeurs sont plus jeunes et possèdent davantage de diplômes mais jouissent moins d'expérience pratique.

S'il arrive que les responsables commerciaux n'aient guère confiance dans les recommandations du marketing, par contre de nombreuses entreprises exigent que leurs responsables marketing acquièrent une expérience de vente de façon à améliorer les contacts avec les clients.

En cas de conflits trop ouverts, le Directeur Général peut proposer :

- De supprimer le poste de directeur marketing et se fier ses attributions sous autorité du directeur commercial ;
- Ou de donner au directeur marketing la responsabilité de toutes les attributions, y compris des ventes.

C'est la dernière solution choisie par un nombre croissant d'entreprises qui donne naissance au département marketing moderne géré par un directeur ayant sous ses ordres des spécialistes en charge de chacune des fonctions marketing, y compris la gestion des ventes.

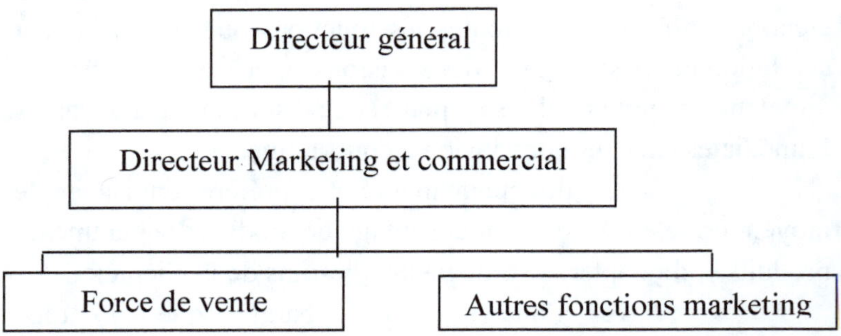

La structure ci-dessus consacre la prédominance du marketing sur la fonction commerciale. Dans le cas d'une entreprise fabriquant plusieurs produits, cette étape s'accompagne fréquemment d'un bouleversement de son organisation. Ainsi, l'on passe d'une organisation par grandes fonctions (production, finance, commerciale) à une organisation par lignes de produits (appelés divisions produits) autrement qualifiée, « Conception intégrée ».

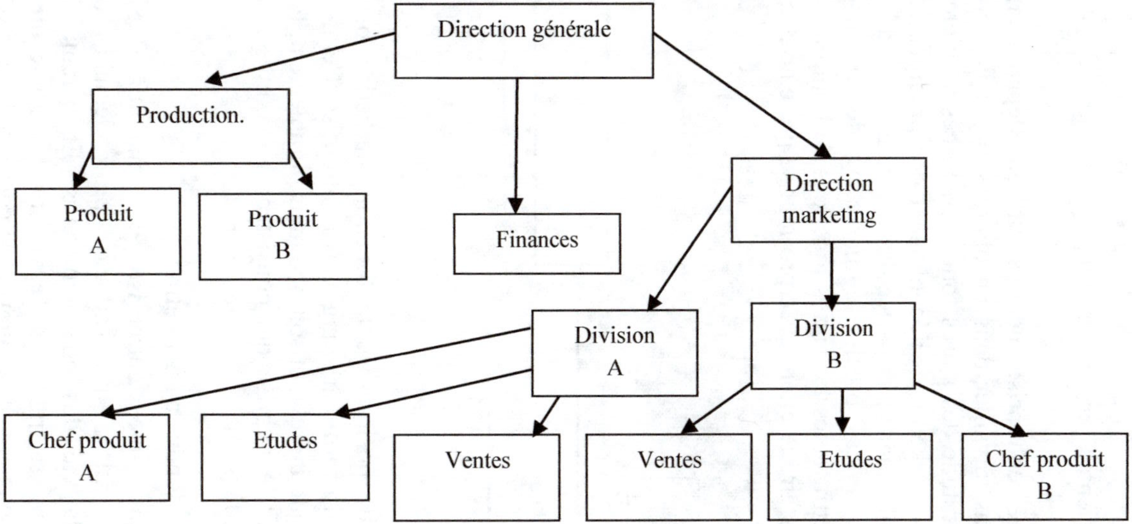
Direction générale
Production.
Produit A
Produit B
Finances
Direction marketing
Division A
Division B
Chef produit A
Etudes
Ventes
Ventes
Etudes
Chef produit B

2.3. Le client au centre de l'entreprise et le marketing. Une fonction intégratrice

2.3.1. Entreprise orientée vers le marketing

Une entreprise peut avoir un département marketing et ne pas travailler dans un optique marketing, car tout dépend de l'attitude des autres fonctions. Si ces dernières limitent le rôle du marketing à l'écoulement des produits, ici l'on ne peut véritablement pas parler d'esprit marketing dans l'entreprise. Dans ce cas précis, le marketing devient une fonction qui assujettit toutes les autres fonctions de l'entreprise dans le but de satisfaire le client avec profit et se présente dans la structure comme suit

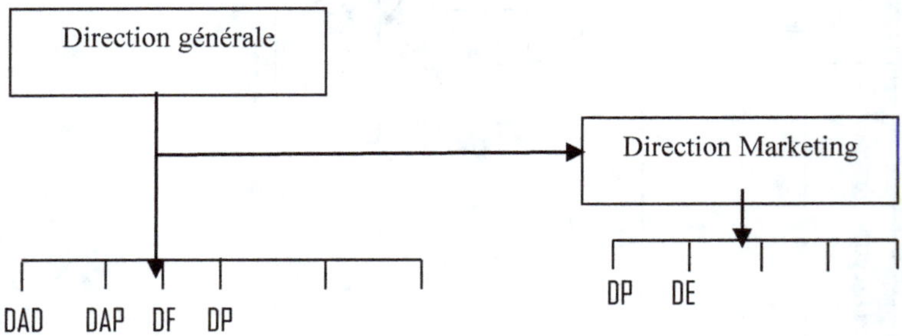

Cette position de la fonction marketing peut facilement intégrer l'esprit marketing dans l'entreprise. Celui-ci est important pour atteindre, tant soit peu mais durablement, les objectifs vitaux de l'entreprise qui consistent à maximiser le chiffre d'affaires et le profit.

2.3.2. Entreprise confondue au marketing

Dans une entreprise le marketing est omniprésent, du fait qu'il affecte profondément et quotidiennement la vie des consommateurs. Et partant, il devient radical car, sa mise en œuvre tient compte des évolutions de la société avec les nouveaux comportements, les nouvelles opportunités et les nouveaux défis liés :

- Aux changements technologiques ;
- A la globalisation ;
- A la dérèglementation ;
- A la privatisation ;
- Aux exigences accrues des clients ;
- A la personnalisation de l'offre et de la communication ;
- A la concurrence accrue ;
- A la convergence intersectorielle ;
- A la transformation de la distribution ;
- A la désintermédiation

Pour faire face aux éventualités précitées, la responsabilité marketing est confiée au directeur général et ne se délègue pas.

Ce faisant, la position du marketing doit se présenter comme suit :

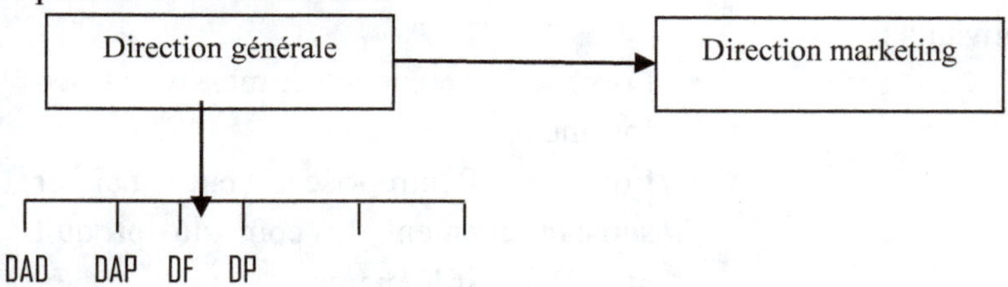

Section 3. Evolution de la philosophie managériale du marketing

Compte tenu de nouvelles réalités du marché, les entreprises ont, au fur et à mesure, adopté une philosophie managériale marketing propre à l'évolution de l'environnement et du marché. Ainsi, trois grands courants répondent à cette évolution :

- Les optiques traditionnelles ;
- Les optiques modernes ;
- L'optique postmoderne.

3.1. Optiques traditionnelles

Ces trois optiques portent sur la production, le produit et la vente et connaissent différentes approches développées ci-dessous :

1ère Optique production. Cette approche suppose que le consommateur choisit ses produits en fonction de deux critères que sont le prix et la disponibilité.

Des théoriciens de grande notoriété insistent que « le rôle prioritaire du gestionnaire est alors d'accroitre l'efficacité de la production, de réduire les coûts et de distribuer massivement ses produits ».[24].

Cette optique s'applique le mieux dans les cas suivants :

- Lorsque la demande est massive et peu fortunée ;
- Lorsque l'entreprise veut baisser substantiellement le coût du produit afin d'élargir le marché.

2ème Optique produit. Cette approche repose sur l'idée que le consommateur préfère le produit qui offre la meilleure qualité ou les meilleures performances. Ici, l'entreprise doit chercher à améliorer, en permanence, la qualité de ses produits en tenant compte des attentes du marché.

3ème Optique vente. Cette approche est fréquemment utilisée par les entreprises en situation de surproduction. Elle est fondée sur les outils d'influence dans le but de vendre ce

---

[24] KOTLER, P., KELLER, K., MANCEAU, D., *Marketing management*, 14è éd., Paris, Nouveaux Horizons, 2012, pp. 20-21

que les entreprises produisent plutôt que de produire ce qu'elles pourraient vendre.

Cette approche implique des risques importants du fait qu'elle suppose que les clients qui achètent le produit sans en avoir réellement besoin ne le rendront pas et n'ébruiteront pas leur déception.

3.2. Optiques modernes

Les optiques modernes sont à la base de l'évolution du marketing en considérant d'abord les besoins des acheteurs ou des consommateurs, puis leur bien-être et, enfin, ceux de l'entreprise. Ces différentes optiques sont :

1ère Optique marketing. Cette approche a émergé dans les années 50. Elle planche fondamentalement sur les clients par l'identification et l'analyse des attentes en vue d'y répondre. Ici, on procède par l'identification de bons produits désirés par les clients que l'on souhaite attirer. Pour ce faire, l'entreprise doit créer, fournir et communiquer la valeur aux clients qu'elle a choisis de servir, et ce, de façon plus efficace que la concurrence.

2ème Optique marketing sociétal. Cette approche prend en compte, outre les besoins des consommateurs, leur bien-être à long terme et celui de la société, en général. Elle se fonde, notamment, sur :

- Le désir des consommateurs ;
- L'intérêt des consommateurs ;
- Le but de l'entreprise ;
- Le bien-être social.

3ème Optique marketing global. Cette approche élargit les champs d'application du marketing. Elle s'étend à tous les types d'échanges, y compris les échanges non marchands (metamarketing). Elle insiste sur le fait que :

- L'entreprise prenne conscience de l'apport du marketing à l'accroissement de son efficacité sur le marché ;
- L'entreprise cherche à stabiliser la demande ;
- Le consommateur soit ouvert aux informations fournies ;
- Le consommateur cherche une satisfaction maximale dans une multitude de domaines.

4ème Optique marketing international. Cette optique soutient que la vente des produits doit s'ouvrir à un cadre international, même si l'on n'approche qu'une partie du marché global. Pour l'heure, toutes les entreprises tendent à valoriser leur offre au niveau mondial, et ce, pour se créer des niches plus profitables.

5ème Optique relation- client. Cette approche est appliquée sur un environnement fortement concurrentiel où d'abord l'entreprise cherche à s'adapter à des segments de plus en plus petits, puis à s'appuyer sur l'individu lui-même qui devient au fil du temps un filon de valeur qui s'épuise et ne permet plus de conquérir de nouveaux consommateurs. Au regard de cette optique, l'infidélité du consommateur constitue un manque à gagner. Pour pallier à ces insuffisances, il est essentiel que le consommateur devienne de plus en plus un client attaché à l'entreprise et à ses marques en développant le rapport produit-consommateur, voire le rapport marque-client.

3.3. Optique postmoderne

Il s'agit, ici, de l'optique marketing holiste. Cette approche reconnait qu'en matière de marketing, tout est à prendre en compte et qu'une vision large et intégrée est nécessaire. Prenant en compte l'ampleur de l'application du marketing et la complexité de ses pratiques actuelles, « le marketing holiste consiste à élaborer et à mettre en œuvre ,des programmes, des processus et des actions marketing à large spectre mais reliés entre eux ».[25].

Bref, le marketing holiste est tour à tour : rationnel, intégré, diffusé en interne, orienté vers la performance et socialement responsable puisqu'il agit sous les cinq faces ci-après :

- Le marketing relationnel,
- Le marketing intégré,
- Le marketing diffusé en interne,
- Le marketing orienté vers la performance,
- Le marketing socialement responsable.

Tout bien considéré, la philosophie managériale du marketing va de « l'orientation produit » à « l'orientation marché » pour en arriver à une « orientation systémique » ou interactive.

Ci-dessous quelques détails pour ces trois orientations :

1ère Orientation produit. Elle relève de la conception intuitive et se base sur un marketing intuitif, considéré comme unilatéral, voire un marketing de l'offre fondé sur la relation produit marché.

---

[25] KOTLER., P., KELLER, K. et MANCEAU, D., *Op. Cit.*, p. 22

2ème Orientation marché. C'est une conception anticipative puisque basée sur un marketing anticipatif. Elle se fonde sur deux relations :

- Marché → produit. Un tel marché permet de guider la création du produit.
- Produit → Marché. Cette orientation concerne le lancement du produit calqué sur les informations fournies par les études du marché.

3ème Orientation systémique. Elle s'appuie sur la conception interactive basée sur un marketing interactif qui identifie une triade de moments forts :

- Marché → produit. Elle étudie les attentes du marché transmises dans un cahier de charges à la production ;
- Produit →Test (s)→marché. Elle permet d'élaborer le produit progressivement, par des modifications successives sur base des résultats auprès de futurs consommateurs ;
- Marché → Produit. Elle se fonde sur la réaction du marché après le lancement proprement dit du produit.

Section 4. Évolution du Marketing dans l'espace

Si les produits ont généralement une date de lancement, il n'en est pas ainsi en sciences. De même, il n'est pas aisé de situer la date exacte de la naissance du marketing eu égard aux différentes thèses en présence.

A ce propos, les thèses anglo-saxonnes et européennes se confrontent. Les anglo-saxons situent la naissance du marketing vers les années 50, à en croire les écrits produits par les universitaires en économie de l'époque. Aux États-Unis, on laisse remonter les origines du marketing au début du siècle dernier. S'il est difficile de fixer la date historique de sa naissance, du moins, tous s'accordent que le marketing a pris son essor au début du XXe siècle avec la commercialisation de masse des biens de grande consommation (...). Ce n'est qu'à partir des années 1950 qu'il s'installe progressivement comme fonction à part entière dans l'entreprise[26].

Selon Durafour ; « le mot même de marketing » serait né au début du siècle (Butler) mais son sens désignait alors l'action de la force de vente. D'importantes contributions commencent à lui donner des fondations dans les années 40-50 aux USA, comme la définition du marketing-mix (les variables d'action) par Borden (1948), le cycle de vie des produits (tout produit naît, vit et meurt) par Dean (1950), les bases de la segmentation par Smith (1956) ».[27]

L'auteur renchérit qu'« à cette époque, les premières théories sont apparues aux États-Unis ».[28] et note que le marketing est devenu une discipline économique centrée sur la gestion de l'entreprise. Il convient de préciser que c'est dans les années 60 que le marketing devient une fonction essentielle de l'entreprise et enseigné en France. Dans son article « Marketing myopia », Levitt recommande de raisonner en termes de besoins et non de produits. Mc Carthy reformule le mix en 4P (Product/produit, Price/Prix, Promotion/ Communication et Place/distribution) tandis que le premier exemplaire de marketing management de Kotler paraît en 1967.

Pour les thèses européennes, « le concept marketing existe depuis des siècles et a trouvé son origine en Europe dans l'évolution de la spécialisation du travail ». Plus précisément, « le terme et les pratiques qu'il implique sont apparus en France, dans les filiales des entreprises nord-américaines, au cours des années 1950 ».[29].

Il ressort que le marketing en Europe et dans le reste du monde, outre les États-Unis, est le soubassement d'un transfert de savoir-faire pour la conduite des entreprises, et ce, à partir de l'internationalisation des entreprises nord-américaines.

---

[26] MICHON, C., *Le Marketeur : fondements et nouveauté du marketing*, 2è éd., Paris, Pearson Education, 2006, p. VI.
[27] DURAFOUR, D., *Marketing et action commerciale*, Paris, Dunod, 2000, p. 7
[28] VANDERCAMMEN, M., *Marketing : l'essentiel pour comprendre, décidé, agir*, 2è éd., Bruxelles, De Boeck, 2006, p. 17
[29] HELFER, J. –P. et ORSONI, J., *Op. Cit.*, p. 19

Historiquement, le marketing est une discipline qui tire ses origines des Etats-Unis avec le développement du commerce. Bien plus, du point de vue étymologique, le terme marketing dérive du mot anglais market, qui signifie marché. Sa traduction en français, par la gestion commerciale, pour certains, et mercatique, pour d'autres, n'a pas eu grand écho favorable qu'à partir de la confusion qu'elle prêtait.

D'où, l'originalité du terme précité est à attribuer aux sociétés américaines. De manière transversale, le mot « marketing » a atteint les autres sociétés de l'Europe d'abord, de l'Afrique, de l'Asie et de l'Océanie par la suite. Il importe donc d'en étudier le développement à travers les périodes et les conceptions.

Cependant, le vocable « marketing » ne correspond pas aux mêmes fonctions d'un continent à l'autre. Dans les pays influencés par la culture européenne, le directeur marketing coiffe habituellement la « fonction études » et la « fonction communication » mais pas la « fonction vente ». Il y a donc un directeur commercial en charge des ventes. En revanche, aux États-Unis, le directeur marketing – marketing manager – coiffe les fonctions communication et ventes. La fonction études relève le plus souvent d'un département développement qui regroupe les études d'ordre technique (recherche et développement) et les études de marché ».[30].

---

[30] MALAVAL, Ph., SCHADECK, B., *Op. Cit.*, p. 15

Tableau n° 3 : Différents périmètres d'une direction marketing

	Études	Communication	Ventes
EUROPE			
ETATS-UNIS			

La solution européenne risque d'entraîner le chevauchement et entretenir une rivalité interne ; tandis que la solution américaine permet de faire l'économie de la rivalité interne mais développe à outrance le pouvoir du marketing vis-à-vis des autres fonctions de l'entreprise.

Cependant, dans le reste du monde, Asie, Afrique, Océanie, voire l'Amérique du Sud, le marketing n'est pas particulier. Il est la configuration soit américaine soit européenne. Tout dépend de la nature d'entreprises qui les accompagne : une filiale américaine, elle va privilégier la communication et la vente, comme symbole du marketing ; une filiale européenne, elle va privilégier des études de marché et la communication comme symbole du marketing.

Pour tout dire, outre ses variables extrêmes, c'est-à-dire, les études de marché d'une part et la vente d'autre part, la communication se trouve centrale au marketing.

Section 5. Évolution du marketing dans son contenu

D'entrée de jeu, il sied de retenir que le marketing, cette discipline assez ancienne que la pratique a évolué fondamentalement pour la conduite des affaires. La conception actuelle de cette science peut être appréhendée de deux façons. Tout d'abord, à travers l'évolution de différentes conceptions de l'entreprise et, ensuite, de façon plus analytique, à partir de l'étude de son contenu ».[31]. Depuis, renchérit-il, le marketing n'a cessé d'évoluer jusqu'à intégrer l'ensemble des activités de l'entreprise et devenir nécessaire à la pérennité des organisations. La gestion des échanges entre l'entreprise et son marché a donc évolué, elle aussi ».[32].

5.1. Évolution du marketing dans le domaine marchand

De sa naissance à la nouvelle économie, le marketing a connu plusieurs facettes, comme l'indique la figure ci-dessous :

Figure n° 10 : Evolution du marketing

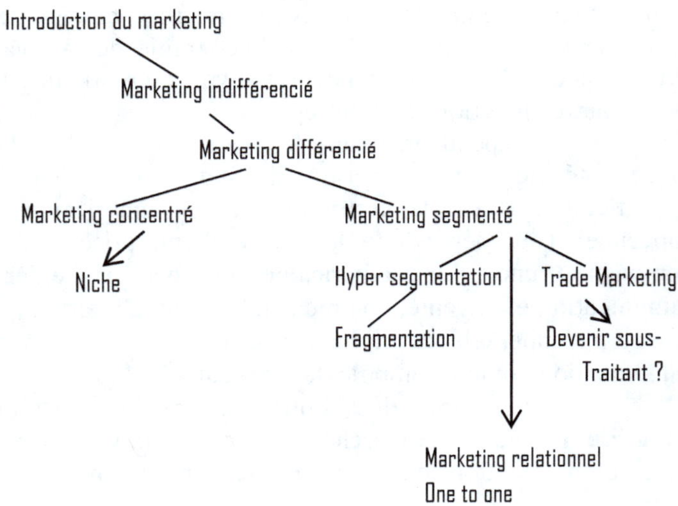

Source A : LHERMIE, Ch., Document interne, IAE de Paris.

[31] MARTIN VEDRINE, S., *Initiation au marketing,* Paris, Edition d'Organisation, 2003, p. 1

[32] MARTIN VEDRINE, S., *Op. Cit.*, p. 2

5.2. Évolution du marketing du domaine marchand au domaine non marchand

Le marketing n'est pas resté figé au « seul domaine » des sciences économiques ». Il a transcendé le marché pour aborder la gestion des entités, du public, non pas par rapport à la demande, mais en tenant compte du besoin de l'être humain. De là résulte la transversalité du marketing pour passer de la science du consommateur à la science de satisfaction des besoins.

5.3. Évolution du marketing, de l'art à la science

Toutes les sciences humaines ont pour fondement l'observation des faits. La pratique de ces faits a engendré la théorie expliquée par des lois et des méthodes. Tel est le cas du marketing perçu initialement comme un art de vendre, puis une technique appuyée par des moyens développés pour activer la vente. Enfin, des lois et des méthodes lui ont permis de concevoir ou de théoriser, soit pour la conduite du consommateur, soit pour la satisfaction de ses besoins.

5.4. Évolution du marketing comme système de pensée

En tant que système de pensée, la démarche marketing n'est, en réalité, que la traduction opérationnelle en outils et en procédures de gestion, conformément au principe de la souveraineté de l'acheteur qui est au cœur de l'économie du marché, voire de la nouvelle économie : « le client est roi », comme l'enchérissent Philippe Kotler et Bernard Dubois. Cette conception est liée à l'évolution de 4P qui constituent les étapes de la démarche marketing, le cheminement de la veille marketing à la veille technologique.

1ère Évolution de 4P

MC Cathy a regroupé les variables du marketing-mix en 4P. Il sied de rappeler que, pour l'heure, ce groupement a connu une révisitation de 4P à 10 P telle que explicitée ci-dessous :

- 4P traditionnels constituent le marketing traditionnel ou classique ;
- 2P médiants sur lesquels se basent toutes les actions et réflexions marketing de l'entreprise ;
- 4P revisités répartis en deux axes dont deux d'entre eux sont à la base du marketing moderne et les deux autres augurent la modernité du marketing qui trouve être son propre fondement dans la nouvelle économie.

Schéma n° 2 : Marketing-mix évolué

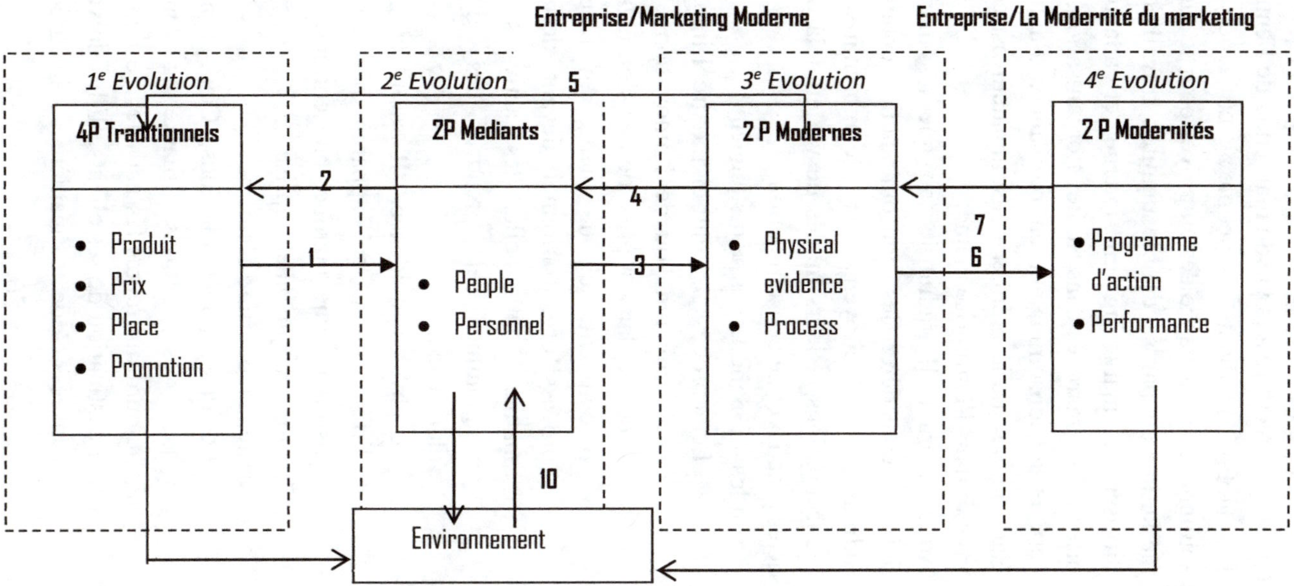

Il importe de noter ici que les « P » revisités offrent une large ouverture à la vie du marketing de l'entreprise.

- Les « P » médiants, « people » et « personnel » soulignent l'importance des employés pour le succès du marketing de par sa double qualité : travailleur pour diffuser le marketing en interne et adapter une orientation marché dans toute l'organisation, d'une part, et le consommateur en puissance, d'autre part, étant donné que le premier consommateur est censé se trouver dans l'entreprise même.

  Au demeurant, il traduit le fait que les marketeurs doivent considérer les consommateurs comme des individus – citoyens et comprendre leurs préoccupations et leurs modes de vie au-delà de leurs actes d'achat et de consommation ;
- Parmi les « P » modernes se distinguent :
  - Le « process ». celui-ci montre l'importance de la créativité ou de l'innovation et de la structure dans la prise de décision marketing. Il convient, ici, de mettre en place, des process organisationnel devant définir, de manière optionnelle, les activités et les programmes et prendre des décisions plausibles.
  - Le physical évidence. Il traduit le signe de différenciation qui apparaît pertinent pour distinguer une marque, une entreprise d'une autre marque ou entreprise.
- Les « P » de la modernité dont :
  - Les Programmes d'actions. Ceux-ci montrent que les actions marketing intègrent aujourd'hui toutes les activités de l'entreprise à destination de ses clients. Elles doivent être pensées de manière intégrée et

complémentaire afin d'atteindre les multiples objectifs de l'entreprise ;

– La Performance. Elle est nécessaire du fait que les décisions marketing doivent être optimisées en termes d'impact en vue de mesurer les effets financiers et non financiers escomptés tant pour la marque que pour l'entreprise dans son ensemble et ses différentes parties prenantes en intégrant la dimension sociale et environnementale.

2ème Processus d'action :

Il sied de comprendre ici que, par rapport à son point focal qu'est le client, le marketing chemine dans une vision interactive *entreprise-marché* au moyen de la démarche marketing suivante :

Schéma n° 3. Etapes de la démarche marketing

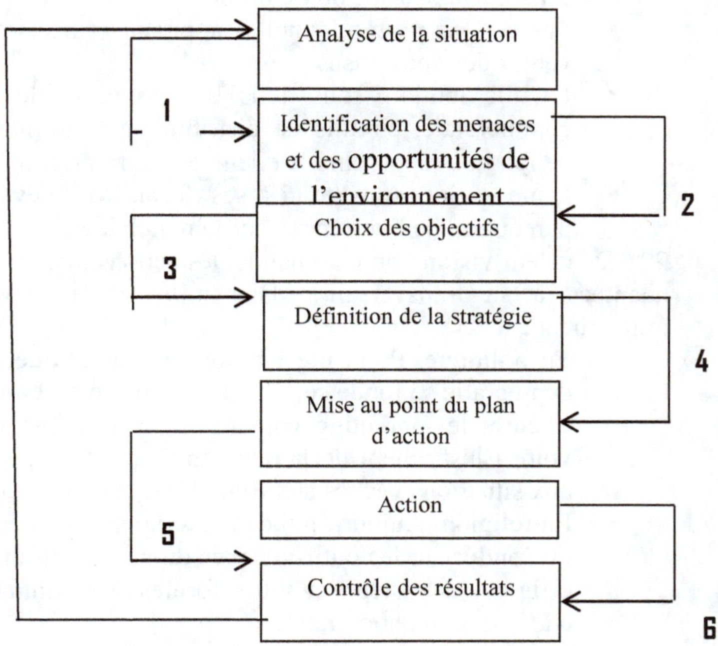

3ème De la veille marketing à la veille technologique

La veille marketing comprend toute une approche logique constituée d'un ensemble des méthodes permettant à une entreprise de collecter, d'analyser et de surveiller son environnement. Elle s'organise autour d'un système d'informations marketing et d'études du marché. La veille technologique s'intègre dans un processus en vue de s'informer, d'étudier et d'apprécier tous les flux technologiques ou de créativité de la concurrence. Elle permet de se préserver contre toute surprise due à une entrée d'un produit.

5.5. Evolution du marketing comme système d'actions

Considéré comme système d'actions, le marketing s'insère à la fois dans une vision marchande et non marchande.

1ère Dans la vision marchande, les actions du marketing sont légion. En effet :

- La publicité se trouve au cœur de la notoriété, voire de l'image de marque de l'entreprise ;
- Les actions promotionnelles appuient et accélèrent les ventes des entreprises ;
- La distribution sous tous ses aspects : logistique, commerciale, circuits de distribution, trade marketing ne fait que rapprocher le client de l'entreprise ;
- L'innovation sous toutes ses formes fait évoluer la perception de l'entreprise sur le marché, etc.

2ème Dans leur vision non marchande, les actions marketing sont adaptées à sa transversalité dans mille et un domaines, notamment :

- En politique. Point n'est besoin d'insister que la vraie démocratie se fonde sur un état d'esprit marketing. Pour l'heure, le marketing constitue la véritable approche, voire l'instrument de la démocratie politique, eu égard aux situations vécues aux Etats-Unis et en France ;
- En religion. Aujourd'hui dans les églises, la prédication est fondée sur les outils adaptés du marketing-mix. Les effigies des pasteurs et autres formes de communication édifiantes en témoignent ;

- Dans le domaine culturel. La lutte pour la minorité, la tribu, etc., recourent aux actions marketing pour les éradiquer.

Conclusion

Toutes proportions gardées, le marketing se fonde sur un « Système de pensées » révélateur d'actions appropriées, nuancées et mesurées à titre de réponse.

L'absence de référence systématique à un corps théorique conduit souvent à percevoir le marketing dans une perspective très différente comparable à un ensemble disparate de moyens de vente utilisés aux fins de plier la demande aux exigences de l'offre.

C'est là un malentendu très répandu qui nuit à la cohérence de son action, dans la mesure où la finalité du marketing est mal comprise et acceptée. D'où, cette discipline se trouve mal interprétée surtout par ses détracteurs. A ce sujet, on a coutume de formuler deux reproches à son endroit : « celle de démagogie » et celle de servir « d'instrument de manipulation ».[33].

Tout bien pesé, le marketing n'est ni l'un ni l'autre, quels que soient les instruments utilisés qui l'accompagnent, notamment, dans les enquêtes des opinions. A ce propos, J.J. Denis LINDON soutient que : « le marketing, à condition d'être bien contrôlé et bien utilisé, peut-être, au contraire, un instrument utile au service de la démocratie ».[34].

Pour tout dire, le marketing met toujours en évidence ses fondements idéologiques et montre comment son état d'esprit est une condition déterminante de la performance économique, sociale et culturelle des choix effectués par l'entreprise ou l'organisation. Le marketing est véritablement une science qui a évolué avec la demande. Aujourd'hui, face à l'entreprise, il s'agit et interagit en amont tout comme en aval. Dans tous les coins et recoins, il est appliqué : le pays a besoin de marketing, l'entreprise quelle que soit sa nature a besoin de marketing pour ne citer que cela.

---

[33] LINDON, D., *Marketing politique et social*, Paris, Dalloz Gestion, 1976, pp. 166-167

[34] *Idem,* p. 165.

Troisième chapitre
Le marketing pour quels rôles et objectifs

✓ Objectif du chapitre

Ce chapitre tente de décrire les rôles et les objectifs du marketing. Une fois bien identifiées, ceux-ci permettent la meilleure façon de pratiquer le marketing.

✓ Contenu du chapitre

De l'objectif du présent chapitre résulte deux sections à développer : l'une sur les rôles du marketing et l'autre sur les objectifs.

Section 1. Rôles du Marketing

Le marketing peut être appréhendé sous un triple rôle : du point de vue général et théorique ; du point de vue pratique et enfin du point de vue fonctionnel.

1.1. Du point de vue général et théorique

Le rôle du marketing consiste à favoriser les échanges de l'entreprise avec son milieu. Pour remplir ce rôle, l'essentiel de son activité consiste à traiter les problèmes de communication pour positionner l'entreprise au mieux de ses intérêts (stratégie, produit et action).

Concrètement, ce rôle consiste à :

- Orienter les études de marché et d'environnement ;
- Eclairer la voie de l'entreprise en décrivant la situation actuelle et future des marchés et de milieu ;
- Etre dans l'entreprise la voix du marché traduite dans un langage exploitable ;

- Participer à la préparation des décisions de la direction générale, notamment, pour favoriser ses orientations en matière d'activités, de marché et de produit ;
- Collaborer avec les fonctions de recherche et développement pour participer à l'orientation de certaines recherches ;
- Elaborer le cahier des charges commerciales des produits à vendre et vérifier la crédibilité commerciale des résultats de la recherche ;
- Suggérer des options de stratégies commerciales ;
- Proposer des plans marketing incitateurs pour faciliter les plans de développement dans l'entreprise ;
- Agir sur les marchés pour écouler la production.

1.2. Du point de vue pratique

Le rôle du marketing dans la pratique varie en fonction de demandes de la direction générale de l'entreprise.

Le responsable marketing doit en premier lieu savoir que le premier marché est dans l'entreprise où le premier client – prescripteur – est, de toute évidence, la direction générale. En effet, en marketing le producteur doit être avant tout un consommateur en puissance.

Pour favoriser cette action marketing dans l'entreprise la démarche doit être la suivante :

- Définir les besoins de l'entreprise ;
- Choisir parmi les techniques- marketing celles qui offrent des fonctions susceptibles de satisfaire les besoins ;
- Vendre des produits marketing dans l'entreprise ;
- Assurer l'assistance après-vente pour s'assurer de la satisfaction des dirigeants.

En marketing, il est admis que les besoins de l'entreprise varient en fonction de cinq critères :

- Contexte économique ;
- Cycle de vie du produit ;
- Stratégie générale de l'entreprise ;

- Culture des managers d'entreprise
- Variations de la demande.

1.2.1. Contexte économique

Il répond aux exigences de cinq sous composantes que voici :

- L'économie de production ;
- L'économie de distribution ;
- L'économie du marché ;
- L'économie d'environnement et
- La nouvelle économie.

a. Economie de production : le rôle du marketing est nul ;

b. Economie de distribution : le rôle du marketing consiste à vendre et distribuer (la fonction commerciale traditionnelle) ;

c. Economie du marché : le rôle du marketing est, outre les descriptions faites du point de vue général, diffèrent suivant que l'entreprise se situe dans une optique de :

- Stratégie d'espaces : trouver et conquérir de nouveaux marchés, élargir les marchés existants ;
- Stratégie de produits : participer à l'effort de recherche et développement ;
- Stratégie du niveau : prévoir de marché à long terme, stratégie commerciale relative, problème de communication.

d. Economie de l'environnement : le rôle du marketing est de considérer l'efficacité marketing lorsqu'on tient compte dans tous les aspects qui interagissent sur la vie de l'être humain voire du consommateur.
Ce rôle influe sur la rentabilité de l'entreprise en se penchant sur l'environnement social.

e. Nouvelle économie : le rôle du marketing est de faciliter la synergie entre l'entreprise et le marché au moyen de la maîtrise de nouvelle technologie de l'information et de la communication de sorte de faciliter un développement du marketing interactif.

1.2.2. Cycle de vie du produit

Qu'il s'agisse d'une entreprise, d'un produit ou d'un marché des domaines préférentiels le rôle du marketing se situe au niveau du profil de cycle de vie d'un produit, lors de :

- Lancement ;
- Croissance ou expansion ;
- Maturité ;
- Déclin.

Exemple : considérons le profil du cycle de vie d'un produit

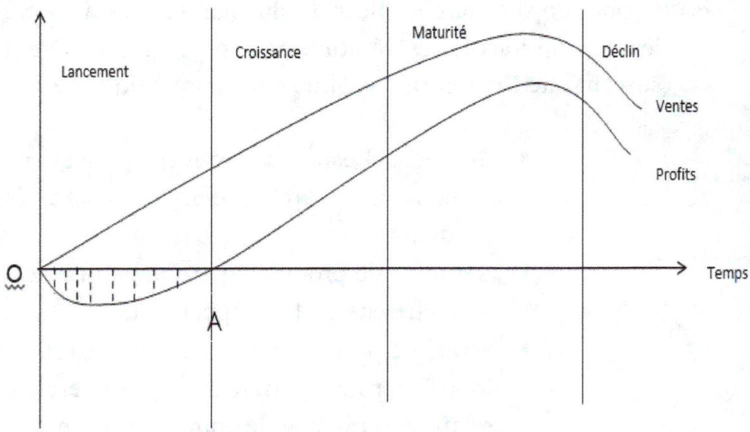

Au point A, le profit est nul. C'est le seuil de rentabilité, le point où l'entreprise ne réalise ni bénéfice ni perte.

a. Au niveau de lancement : Phase 1

C'est la phase du lancement du produit, voire la naissance du phénomène. Elle est marquée par des investissements dans l'incertitude. Le profit est négatif.

Le rôle du marketing est perceptible dans les études prévisionnelles, les tests de crédibilité et le plan à long terme

b. Au niveau de la croissance : Phase 2

C'est la phase de l'expansion ou de la croissance. Elle commence au seuil de rentabilité ; c'est le point où le profit est nul. Les profits ne sont pas disponibles ; ils sont rarement suffisants pour nourrir l'expansion.

Le rôle du marketing s'articule autour de :

- Développement et
- Investissements en vente, en publicité, distribution, promotion.

c. Au niveau de Maturité : Phase 3

C'est la phase de maturité – saturation. Ici, il n'y a plus d'investissements à pratiquer. Les profits sont disponibles. On fait de recherche systématique de marché ou de produit nouveau dès cet instant.

Le rôle du marketing est :

- Les recherches de vies nouvelles ;
- Les actions commerciales sans investissements nouveaux.

d. Au niveau de déclin : Phase 4

C'est la phase de déclin. Elle est marquée par des perturbations dès l'entrée. Elle permet pourtant de dégager la plus grande masse possible de profit disponible à condition :

- D'être déjà positionné sur le marché cible ;
- De refuser tout investissement lourd ;
- De se fixer des objectifs de régression en fonction de l'évolution de la phase ;
- De savoir traverser sans trop encombrer les périodes de turbulence qui ponctuent le passage de la phase 3 à la phase 4.

Le rôle du marketing est de :

- Aller jusqu'au bout des dispositifs ;
- Actions retardatrices.

1.2.3. Stratégie générale de l'entreprise

Cinq stratégies peuvent être distinguées. Chaque stratégie fait ressortir le rôle du marketing.

- Etre le premier arrivé sur les marchés : le rôle du marketing est centré sur l'innovation, la recherche et le développement.
- Faire mieux que le premier arrivé : le rôle du marketing est d'observer les premiers et de déceler les insatisfactions du marché.
- Exploiter des créneaux : le rôle du marketing est de trouver les créneaux, de vérifier leur valeur et les exploiter.
- Nous aussi comme les autres : le rôle du marketing est de vendre et de distribuer efficacement au moindre coût.

1.2.4. Culture des managers d'entreprise

Il existe encore des dirigeants qui, pour toutes sortes de raisons, sont persuadés qu'il suffit de savoir vendre pour pouvoir produire ou même qu'il suffit de savoir produire pour entreprendre la vente alors même que leur environnement est en situation d'économie de marché.

L'erreur la plus fréquente qu'on peut commettre consiste à mettre en place des dispositifs marketing (service d'études de marché par exemple), comme si cela suffit pour régler le problème du marché.

Au contraire, l'investissement en dispositif a le plus souvent pour effet de retarder, voire de bloquer l'évolution des mentalités. Avant d'engager des investissements lourds, des dispositifs, etc., il importe, d'abord, de réaliser des démonstrations d'efficacité par l'amélioration du rendement de ce qui existe. C'est alors qu'il deviendra possible de faire évoluer alternativement et progressivement les mentalités, les objectifs et les investissements commerciaux.

En d'autres termes, le rôle du marketing est de participer à l'évolution des mentalités, non seulement, en apportant des informations pour expliquer les situations, mais encore, en réalisant des démonstrations d'efficacité commerciale sans commencer par engager des investissements. Ces démonstrations portent sur des résultats de rentabilité et de développement.

1.2.5. Variations de la demande

Le rôle du marketing en fonction des variations de la demande tient à la nature même de cette demande. Le responsable marketing est là pour stimuler la demande pour les produits mais il exerce aussi d'autres activités. Il cherche à influencer le niveau, le moment d'expression et la nature de la demande.

Cette demande peut être, négative, absente, latente, soutenue, déclinante, irrégulière, excessive et indésirable.

Tableau 4. Rôle du marketing en fonction des variations de la demande

Nature de demande	Situation de la demande	Rôle du marketing	Type de marketing
Demande négative	Loin d'être attirés par le produit, les clients potentiels cherchent à éviter d'y penser	Le rôle du marketing consiste alors à étudier les sources de résistance et à tenter d'inverser la tendance	Marketing de conversion
Absence de demande	La clientèle est ignorante du produit ou celui-ci ne l'intéresse pas	Le rôle du marketing est alors de démontrer les avantages qu'il procure	Marketing de stimulation
Demande latente	De nombreux clients éprouvent un désir qui ne peut être satisfait par les produits existants	Le rôle du marketing est de créer un nouveau produit ou un produit nouveau	Marketing de développement
Demande soutenue	La demande est régulière et suffisante	Le rôle du marketing est de veiller à maintenir le niveau et le rythme d'achat	Marketing d'entretien

		et de mener également la satisfaction des clients de manière à résister aux attaques de la concurrence	
Demande déclinante	Les clients achètent le produit moins souvent ou plus du tout	Le rôle du marketing est d'analyser les raisons du déclin et déterminer si la demande peut être relancée ou s'il convient d'envisager à terme le retrait du produit	Remarketing
Demande irrégulière	De nombreux produits sont consommés irrégulièrement dans l'année, la saison ou même la journée	Le rôle du marketing est tenté de convaincre les acheteurs d'étaler leurs achats à l'aide, par exemple de réductions de prix	Synchro marketing
	Certaines entreprises sont parfois confrontées à une	Le rôle du marketing est de mettre en place un effort de découragement : les jours	

Demande excessive	demande excessive à laquelle elles ne peuvent répondre	d'affluence, on peut accroitre les prix pratiqués, réduire le niveau de service ou tenter de dissuader les fractions de demande les moins rentables	Démarketing
Demande indésirable	Certains produits sont jugés néfastes	Le rôle du marketing est de décourager la consommation du produit à l'aide d'efforts de communication	Contre marketing

Source :

- Kotler Ph.., Koller K.L., Dubois B., Manceau D., *Marketing management*, 12e éd., Paris, Nouveau Horizon, 2007, pp. 11-12
- KADI ALI, ABDERRAHMANI SAIDANI et BAHMED AMIS, Manuel de marketing fondamental, EHEC-Alger, 2013-2014, p.15.

1.3. Du point de vue fonctionnel

Le marketing comme fonction dans l'entreprise est exercé de deux manières dont : « une fonction stratégique et des fonctions opérationnelles ».[35].

1.3.1. Comme fonction stratégique

Le rôle du marketing est de :

- Positionner l'entreprise, ses marques et ses gammes de produits sur ses marchés, en fonction des attentes et des besoins de ces marchés.
- Fixer à moyen et long terme ses orientations de développement en fonction des objectifs des dirigeants et des enjeux du marché.
- Permettre à l'entreprise d'énoncer un plan stratégique clair et de le décliner dans toutes les directions fonctionnelles. Cette fonction relève de la direction de l'entreprise.

1.3.2. Comme fonction opérationnelle

Le marketing a pour rôle de :

- Permettre la mise en place des actions marketing par service telles que :
  - La communication auprès des clients et prospects en grand nombre ;
  - L'appui des efforts de la force commerciale par des actions de communication, de marketing direct ou par des supports d'aide à la vente ;
  - Le contact à distance des clients et prospects pour qualifier des fichiers, prendre des rendez-vous et suivre les relations ;
  - L'assurance de lancement d'un produit sur le marché ;
  - La recherche de nouveaux axes de développement auprès des segments cibles ;
  - L'étude de l'évolution des marchés sur lesquels l'entreprise agit (chiffre d'affaire, volume des

[35] Martin VEDRINE, S., *Op. Cit.*,

ventes, tendances, concurrence, circuit de distribution) ;
   - Le développement des actions en partenariat avec des fournisseurs ou des distributeurs.
- Permettre de converger toutes les décisions de l'entreprise en vue de l'adapter aux évolutions du marché et de son environnement. Partant le marketing joue le rôle intégrateur et l'on ne peut s'en passer dans l'entreprise quand :
   - La concurrence s'amplifie ;
   - L'entreprise est sur un marché en mutation tellement importante que sa survie est en danger ;
   - La demande se stabilise ;
   - L'entreprise envisage de se repositionner après une croissance rapide.

Section 2. Objectifs du marketing

En marketing, on a coutume de distinguer deux objectifs : un objectif principal auxquels les autres sont subordonnés.

2.1. Objectif principal

Le marketing comme toutes les autres fonctions de l'entreprise milite pour « l'optimisation de profit ».[36(*)] de l'entreprise. De ce point de vue, on peut donc dire que l'objectif principal du marketing n'est pas particulièrement original. En effet, toute entreprise est susceptible de rechercher le profit pour lui permettre d'attirer assez utilement les investisseurs et être aussi compétitive.

2.2. Objectifs subordonnés

Les objectifs subordonnés sont de deux ordres :

a. Premier objectif subordonné. Cet objectif doit d'abord chercher à :

(*) L'optimisation des profits consiste à minimiser les coûts et maximiser les profits.

- Favoriser la réduction des gaspillages économiques en s'astreignant à améliorer le rendement de ce qui existe avant de proposer des changements structurels systématiques. En réalité, c'est très souvent le contraire qui se fait. L'on a coutume de proposer d'abord des changements structurels pour favoriser le positionnement de l'entreprise dans son milieu.
- Aller jusqu'au bout de ce qu'existe, c'est-à-dire, jusqu'au bout des investissements, des produits et des marchés, avant de vouloir tout bouleverser, telle devrait être la première application du marketing dans l'ordre chronologique de ses interventions.

b. Deuxième objectif subordonné. Cet objectif consiste à favoriser une « consommation consciente » des produits. Cet objectif permet de rechercher une plus grande « efficacité marketing ».[37]. Il fait en sorte que les consommateurs soient capables de discerner, parmi les produits qui leur sont proposés, ceux qui, dans une démarche marketing, ont été construits en choisissant comme moyen privilégié de satisfaire leurs besoins. Car, un consommateur inconscient, mal informé risque de se décider en fonction des pressions qui sont exercées sur lui.

Dans cette logique, le marketing permet de :

- Attirer le plus des clients possibles ;
- Satisfaire les besoins de cette clientèle ;
- Fidéliser les clients rentables, et

[37] Efficacité marketing peut être appréciée à partir de la grille d'évaluation en 15 questions ou l'audit marketing

- Modifier le comportement des groupes sociaux.

Conclusion

Le marketing joue des rôles diversifiés. Ils résultent tour à tour des applications théoriques, pratiques voire des fonctions à assurer. Ces rôles répondent aux différents objectifs de l'entreprise suivant les intérêts des consommateurs.

Quatrième Chapitre
Le regroupement du marketing

✓ Objectif du chapitre

L'objectif de ce chapitre est d'énumérer les différentes formes de marketing, en vue de les regrouper systématiquement.

✓ Contenu du chapitre

Eu égard à cet objectif, ce chapitre, à travers deux sections, va s'employer tour à tour à :

- Décrire le marketing ;
- Regrouper les différentes formes du marketing.

Section 1. Description du Marketing

Le marketing est un domaine qui prend un essor considérable du fait qu'il touche à toutes les activités humaines. En effet, « comme maintes disciplines jeunes et aux contours encore mal fixés, il est annexionniste. Ainsi, a-t-il élargi son champ d'application en franchissant les limites de son domaine de prédilection, à savoir les biens de consommation. Il s'est orienté vers les biens industriels et les opérations internationales ».[38]. Il s'en est suivi « aujourd'hui plusieurs formes révélées ».[39].

---

[38] HELFER, JP., ORSONI, J., *Op. Cit.,* p. 38

[39] MAMBU Mpudi N., P., *Op. Cit.*, pp. 45-82

Tableau 5 : Formes de marketing

Les A du marketing	Les B du Marketing	Les C du marketing	Les D du marketing	Les E du marketing
Marketing Achats Marketing Actif Marketing d'affinité Marketing alternatif Marketing amont Marketing ambiant Marketing anticipatif Marketing appliqué Marketing associatif Marketing des assurances Marketing aval	Buzz marketing Marketing de bases des données Marketing bancaire	Marketing ciblé Marketing catégoriel Marketing en cercles Marketing collaboratif Marketing communautaire Marketing concentré Marketing créatif Marketing contextuel Marketing corporate	Marketing de la demande Marketing différencié Marketing direct Marketing de distribution Marketing durable	Marketing électronique Marketing par embuscade Marketing de l'empoverment Marketing ethnique Marketing expérientiel Marketing événementiel Marketing d'études Evangelism marketing

Les F du marketing	Les G du Marketing	Les H du marketing	Les I du marketing	Les M du marketing
Marketing de filière Marketing frertif Marketing fondamental	Marketing générationnel Marketing géo-démographique (géomarketing) Marketing global Marketing de grandes causes Marketing de guérilla Marketing guerrier	Marketing holiste Marketing horizontale	Marketing insight Marketing indifférencié Marketing industriel Marketing d'influence Marketing intégré Marketing interact if Marketing international Marketing Interne Marketing inversé Marketing individualisé Marketing intuitif Marketing des influents Marketing Internet	Marketing de Masse Marketing de minorités Marketing-mix Marketing mobile Marketing management Marketing moderne Marketing multi-local Mega marketing Modernité du marketing

Les N du marketing	Les 0 du Marketing	Les P du marketing	Les R du marketing	Les S du marketing
Marketing de niches	Marketing de l’offre Marketing olfactif Marketing one-to-many Marketing one – to few Marketing one –to-one Marketing opérationnel Marketing des organisations sans but lucratif Marketing d’organisation	Marketing participatif Marketing permissif Marketing politique Marketing proactif	Marketing de la recherche sur Internet Marketing relationnel Marketing réactif Marketing de rue Marketing de réseaux Marketing responsible Marketing réticulaire	Marketing des seniors Marketing sensoriel Marketing des services Marketing social Marketing societal Marketing sonore Marketing sportif Marketing stratégique Marketing symbiotique Marketing segmenté Marketing des services publics Marketing sectoriel

Les T du marketing	Les V du Marketing	Les marketing Numérique
Marketing téléphonique Marketing des tendances Marketing terrain Marketing territorial Marketing du tourisme et de l'hôtellerie Marketing transactionnel Marketing traditionnel Marketing tribal	Marketing vert Marketing Viral	Marketing 1.0 Marketing 2.0 Marketing 3.0 Marketing à 360°

Source : MAMBU Mpudi N., P., *Le Marketing, pour quelle autonomie épistémologique ?,* Paris, l'Harmattan, 2015, pp. 45–82.

Section 2. Regroupement du marketing

Pour une meilleure appréhension épistémologique, le marketing, malgré la diversité de toutes ses formes et dimensions peut être regroupé en quatre classes suivantes :

- Domaine d'activités ;
- Mode opératoire ;
- Nature de la cible ;
- Nature de contexte.

Tableau 6 : Regroupement du marketing

<table>
<tr><th>Code</th><th>Domaine d'activités</th><th>Mode Opératoire</th><th>Nature de cible</th><th>Nature de contexte</th></tr>
<tr><td rowspan="2">1.1.</td><td rowspan="2">Marketing Marchand</td><td rowspan="2">1.1.1. Marketing stratégique

1.1.2. Marketing Opérationnel</td><td>1.1.1.1. Marketing Amont
1.1.1.2. Marketing Aval
1.1.1.3. Marketing Interne</td><td>Marketing contextuel</td></tr>
<tr><td>1.1.2.1. Marketing Amont
1.1.2.2. Marketing Aval
1.1.2.3. Marketing Interne</td><td></td></tr>
<tr><td rowspan="2">1.2.</td><td rowspan="2">Marketing non marchand</td><td rowspan="2">1.2.1. Marketing stratégique

1.2.2. Marketing opérationnel</td><td>1.2.1.1. Marketing Amont
1.2.1.2. Marketing Aval
1.2.1.3. Marketing Interne</td><td>Marketing contextuel</td></tr>
<tr><td>1.2.2.1. Marketing Amont
1.2.2.2. Marketing Aval
1.2.2.3. Marketing Interne</td><td></td></tr>
</table>

2.1. Domaine d'activités

Deux domaines d'activités agissent dans la vie humaine : d'une part le domaine marchand et domaine non marchand d'autre part. De ces deux domaines, résultent deux formes de marketing : le marketing marchand et le marketing non marchand.

2.1.1. Le marketing marchand

Il concerne le marketing appliqué dans le domaine commercial selon divers secteurs. Le marketing suivant de secteur économique porte sur les produits de grande consommation, les services vendus au consommateur, les produits industriels, ou services vendus aux organisations. Interviennent, ici, les cas relatifs aux techniques utilisées en termes d'achats, d'échange, de distributions, etc. Ainsi, on y distingue :

- Marketing en amont ou b to b, et marketing en aval ou b to c ;
- Marketing international, selon qu'il s'agit du marketing à l'importation et marketing à l'exploitation.

On y reviendra avec force détails aux points 2.3.1et 2.3.2.

2.1.2. Le marketing non marchand

C'est le marketing lié à l'activité non lucrative mais centrée sur l'intérêt général. Selon le cas, les activités non lucratives peuvent renseigner sur :

- Le marketing des services public lié aux ministères, collectivités territoriales, administration ;
- Le Marketing interne avec la gestion des ressources humaines de n'importe quelle organisation ;
- Le Marketing sociale avec la promotion de grandes causes dans les organisations à but non lucratif,
- Le Marketing associatif utilisé dans les associations tel que les clubs sportifs les syndicats ou autres associations,

- Le Marketing politique lié avec la promotion d'un homme, d'un parti politique, d'une idée

2.2. Mode opératoire

Quel que soit son domaine d'application, deux types de marketing sont utilisés :

- Marketing stratégique et ;
- Marketing opérationnel.

2.2.1. Le Marketing stratégique

Le marketing stratégique poursuit une démarche analytique. « Il vise à orienter l'entreprise vers la satisfaction des besoins des clients et à préciser les opportunités offertes à l'entreprise par le marché[40].

En d'autres termes, le marketing stratégique consiste à orienter l'entreprise vers les opportunités attractives. Il convie tour à tour à :

- Analyser les besoins des consommateurs ;
- Développer une approche de produit-marché ;
- Mesurer l'attractivité du potentiel et du cycle de vie du produit ;
- Evaluer les avantages concurrentiels de l'entreprise ;
- Sélectionner les stratégies de développement.

2.2.2. Le Marketing opérationnel

Le marketing opérationnel est autrement appelé tactique car, « Il développe la dimension action de la démarche marketing. Il s'appuie sur les ventes, la publicité, la communication, les réseaux de distributions, la gamme de produit et constitue la partie la plus visible du marketing »[41]. De ce fait, il est doté d'un ensemble des techniques et méthodes confiées à un département spécialisé pour la conquête des marchés. Son action s'articule autour des 4P traditionnels, 2P

---

[40] VANDERCAMMEN, M., *Marketing : l'essentiel pour comprendre, décidé, agir*, 2è éd., Bruxelles, De Boeck, 2006, p. 210

[41] VANDERCAMMEN, M., *Op., Cit.*, p. 21

mediants, 2P modernes et 2P de modernité, qualifiés ensemble de marketing-mix.

2.3. Nature de la cible

Qu'il s'agisse du domaine marchand ou non marchand, trois cibles sont visées en marketing : amont, aval, interne. D'où les trois formes suivantes :

- Marketing amont ;
- Marketing aval ; et
- Marketing interne.

2.3.1. Le Marketing amont

C'est une forme de marketing appliquée en terme d'achat, en faveur d'une entreprise, ou des organisations non gouvernementales auprès de bailleurs de fonds afin d'obtenir ce qui est recherché pour asseoir le projet commercial, financier ou d'intérêt social. En d'autres termes, le marketing amont est constitué « d'un ensemble des techniques utilisées « en amont », c'est-à-dire, appliquées aux fournisseurs, aux investisseurs, aux banquiers, etc. ».[42]. Pour tout dire, le marketing amont intervient face à un problème auquel l'entreprise ne peut répondre de façon optionnelle sans faire appel aux ressources externes.

2.3.2. Le Marketing aval

Le marketing aval est appliqué par l'entreprise auprès de distributeurs ou par l'entreprise auprès des acheteurs ou des consommateurs finals. Il peut être qualifié selon les circonstances en marketing de distributeur ou « trade marketing » ; marketing de masse du fait qu'il est appliqué auprès des consommateurs. En somme, le marketing aval est à la fois transactionnel ou relationnel ou B to B. Puisqu'« il regroupe un ensemble des techniques utilisées « en aval », c'est-à-dire, appliquées aux distributeurs ainsi qu'aux consommateurs de l'entreprise ».[43].

[42] MAMBU Mpudi N., P., *Op. Cit.*, p. 7

[43] *Idem*, p. 78

2.3.3. Marketing interne

Cette approche marketing est bénéfique aux employés d'une entreprise qui veulent s'enquérir de leurs attentes de manière à les inciter à devenir des acteurs motivés de la stratégie de l'entreprise. Cette technique peut être envisagée non seulement par rapport à l'intérieur mais également à la nature de l'échange ou de la stratégie définie par l'entreprise face à la nature de la cible, du problème qu'elle pose face à son environnement. Ce marketing dépend alors de l'ensemble d'autres formes de marketing listées ci-haut.

2.4. Selon le contexte

Pour chacun des cas évoqués, l'échange ou la stratégie s'applique selon un contexte donné. En effet, le marketing contextuel « consiste à adapter, le plus souvent, en temps réel, la démarche marketing en fonction de l'internaute qui a été identifié, l'endroit où il se situe sur le site, le choix qu'il fait pendant sa navigation,… ».[44].

Conclusion

Le marketing demeure un levier de toute organisation. En évolution continue, il est devenu transversal et se transforme en évolution. Ses mutations ont été caractérisées de l'art à la technique et de la technique à la science, du domaine marchand au domaine non marchand, de la transaction à la relation, et de la masse à l'individu.

Tout bien considéré, le marketing se soucie de connaître les attentes des publics cibles de manière à les inciter à devenir des acteurs motivés influant sur la gestion de l'entreprise. Par-là, il postule que l'organisation soit un marché dans lequel ont lieu des échanges. Ceux-ci s'apparentent aux échanges marchands au sein desquels le premier client de l'entreprise se trouve dans l'entreprise même.

En outre, pour asseoir le marketing entre l'entreprise et les consommateurs, il importe que les employés face à la clientèle soient formés utilement dans leur relation

[44] MAMBU Mpudi N., P., *Op. Cit.*, p. 83

entreprise-marché afin de faciliter l'interactivité entre eux et la clientèle. Cette double considération des employés par l'entreprise se matérialise au moyen de marketing interne.

Deuxième partie
La base d'une réflexion marketing

Dans toute organisation, le marketing n'est pas le produit d'une spontanéité ; il découle d'une démarche marketing. Celle-ci, de l'information à la réflexion et de l'action au contrôle chemine suivant le schéma ci-après :

Schéma 4 : La démarche marketing

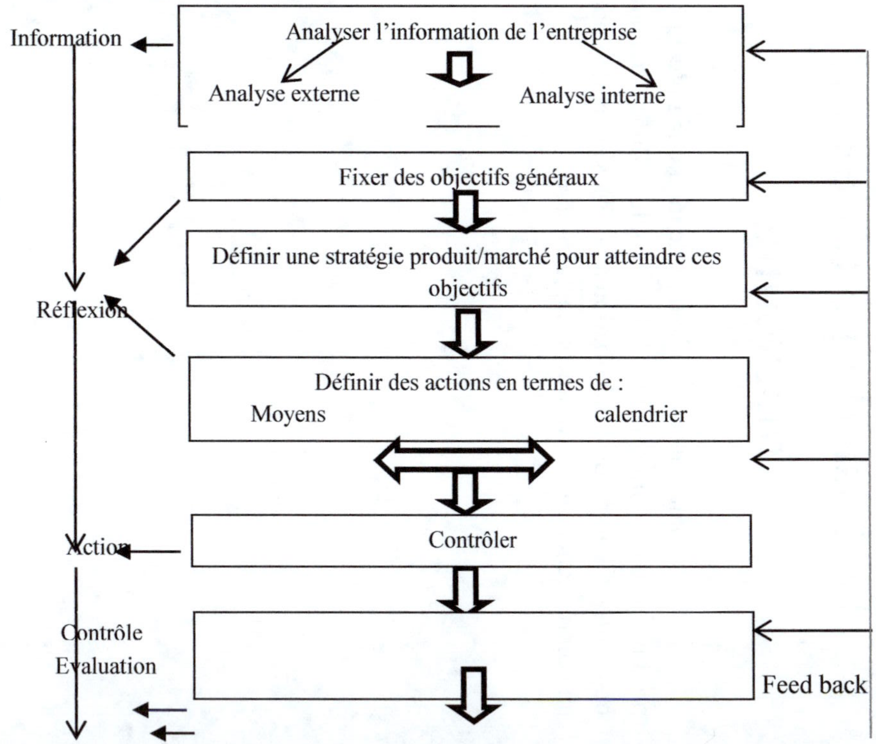

Cette partie va tour à tour se focaliser sur :

- La description de l'environnement marketing
- La procédure d'évaluation du contenu de l'environnement marketing
- La procédure d'évaluation de l'action marketing.

Cinquième chapitre
Description de l'environnement marketing

✓ Objectif du chapitre

L'objectif de ce chapitre est de cerner les notions sur l'environnement marketing, pour identifier l'action de ses composantes, et ce, pour mesurer l'importance de l'analyse et l'étude de l'environnement marketing.

✓ Contenu du chapitre

Deux points sont examinés dans ce chapitre :

- La décomposition de l'environnement marketing ;
- Les préalables d'analyse de l'environnement marketing.

L'entreprise n'est pas un monde à part. Elle ne vit pas en vase clos. Puisqu'elle fait partie d'un système économique global, appelé environnement où elle exerce ses activités. Son influence y présente.

En effet, le marketing s'inscrit dans le système global précité et permet à l'entreprise d'établir et de promouvoir les relations fructueuses avec son marché à travers les champs de force auxquels les deux éléments sont confrontés.

Figure n° 11 : Champs de force agissant sur les deux éléments

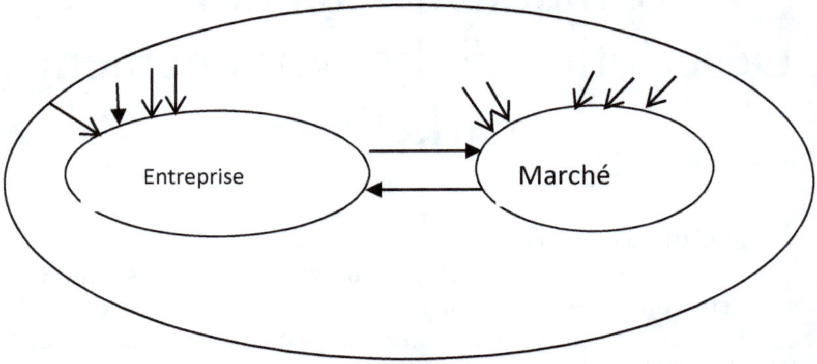

Ainsi perçu, l'environnement constitue l'élément important de l'appréciation du marketing et par conséquent de la réflexion marketing.

Sous cette dénomination, le responsable marketing va situer tous les acteurs et les forces non contrôlables par l'entreprise et susceptibles d'impacter sur elle.

Section 1. Décomposition de l'environnement commercial ou Marketing

1.1. Définition

L'environnement peut être défini comme l'ensemble des éléments internes et externes qui influencent l'entreprise et qui permettent de construire avec son marché (ses clients) une relation mutuellement satisfaisante. C'est assez dire que l'environnement rassemble tous les acteurs et forces non contrôlables par l'entreprise. Ceux-ci sont susceptibles d'affecter l'entreprise de la manière dont celle-ci développe et maintien des échanges satisfaisants avec le marché-cible.

Le département marketing a la responsabilité de les surveiller en permanence, parce qu'il constitue une source perceptible de menaces et de contraintes d'une part, mais aussi d'opportunités pour l'entreprise et ses produits, d'autre part.

Les opportunités sont le domaine d'action dans lequel l'entreprise peut espérer jouir d'un avantage différentiel. Sa valeur est liée à son attrait et à sa probabilité de succès. Par contre, les menaces proviennent de problèmes posés par une tendance défavorable ou une perturbation, d'un environnement qui, en absence d'une réponse marketing appropriée, conduit à une détérioration de la position de l'entreprise sur le marché.

Une menace est une situation prévisible grave qui affecte en profondeur la rentabilité de l'entreprise. Elle a de grandes chances de se réaliser.

L'entreprise doit tenir compte de ses variations (son évolution) et prévoir les changements futurs qui risquent de l'affecter à court, moyen et long terme. Une entreprise qui ne tient pas compte des éléments précités va vite tomber dans une situation d'inadéquation. Par contre celle qui va s'adapter peut survivre. Toutefois, « seule l'entreprise innovatrice peut espérer et même participer elle-même à l'évolution de son environnement »[45].

1.2. Structure de l'environnement marketing

L'entreprise se trouve dans un environnement complexe. Cet environnement connaît quatre niveaux.

---

[45] VAN VRACEM, P., BOUTON, B., *Fondements du marketing*, 2è éd., Bruxelles, De Boeck, 1995.

Figure n° 12 : Quatre niveaux de l'environnement marketing

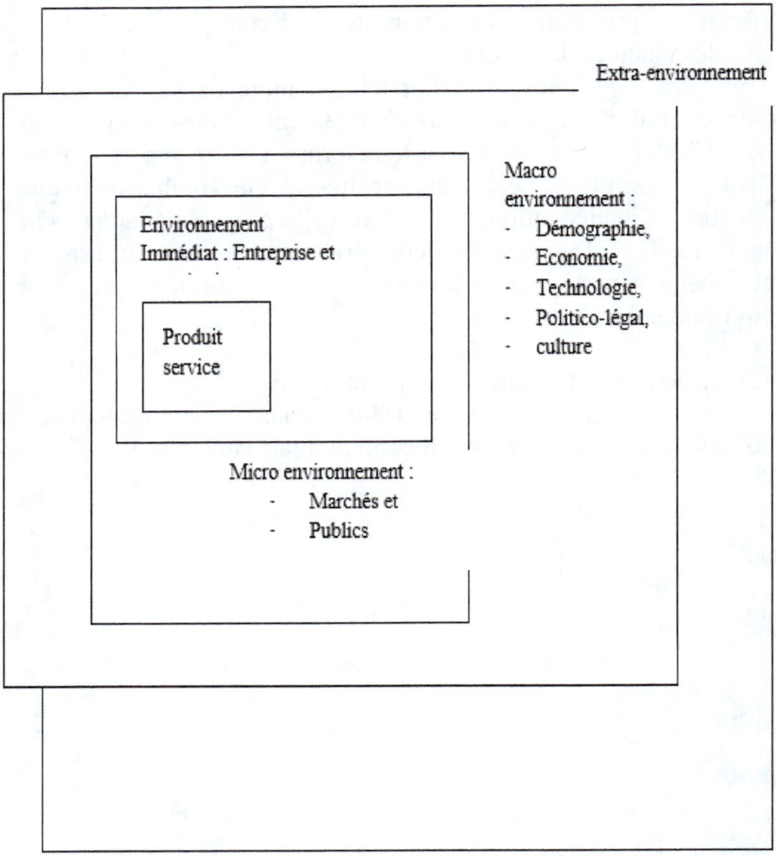

Toute entreprise est appelée à faire face à toutes les réalités de ces environnements pris individuellement en vue de commercialiser avec profit, en tenant compte, non pas, de ventes immédiates, mais plutôt, de ventes dans une perspective d'avenir suivant la mutation des différents environnements.

1.2.1. Environnement Immédiat.

L'environnement immédiat est celui constitué par l'entreprise et son organisation. Il s'agit en d'autres termes de :

- ses produits et services sont au centre d'une structure composée de direction, de sièges, de filiales, de division, de départements,
- son organigramme et ses différents niveaux de décision et de délégation de pouvoir impactent directement sur la politique marketing suivie.

L'environnement immédiat comporte des éléments importants qui permettent de comparer l'entreprise à ses concurrents afin de dégager les forces ou les faiblesses que celle-ci a vis-à-vis de la concurrence.

A titre indicatif, les entreprises qui ont un siège central et des filiales, soit dans le même pays, soit à l'étranger (multinational), le choix de leurs circuits de distribution (agents commerciaux, courtiers, franchisés, succursales) sont des facteurs déterminants dans la olitique marketing. Ils composent des éléments sur lesquels l'entreprise peut avoir une emprise directe.

1.2.2. Microenvironnement

Cet environnement est composé des acteurs qui interviennent dans l'entourage immédiat de l'entreprise. Ces acteurs peuvent être catégorisés en marché et publics (direct et indirects).

Figure n° 1 3 : Composantes du microenvironnement

Microenvironnement	▪ La demande (les consommateurs) ▪ Les fournisseurs ▪ Les intermédiaires ▪ Les concurrents ▪ Les prescripteurs

1. Le marché

Pour les économistes et les spécialistes en marketing, le marché est le lieu de rencontre entre vendeurs et acheteurs. Cette rencontre concerne la demande qui est formulée par l'ensemble des clients capables et désireux de procéder à un échange leur permettant de satisfaire un besoin. Le marché comprend deux éléments essentiels : l'offre et la demande.

- Le marché peut se définir par la demande. Il est comme indiqué, précédemment, constitué par l'ensemble des clients capables et désireux de procéder à un échange leur permettant de satisfaire un besoin ;
- Le marché peut aussi être perçu comme l'offre. Il représente l'ensemble des produits (biens ou services) dont les composantes matérielles (caractéristiques physiques, conditionnement, qualité, …) et immatérielles (marques, garanties, services, …) satisfont les mêmes types de besoins et de désirs de consommateurs.

  ✓ *L'offre* :

  L'entreprise vend ses produits et services sur un marché. Elle est entourée de concurrents qui influent directement sur sa stratégie en matière de produits, services, prix, conditionnement et communication :

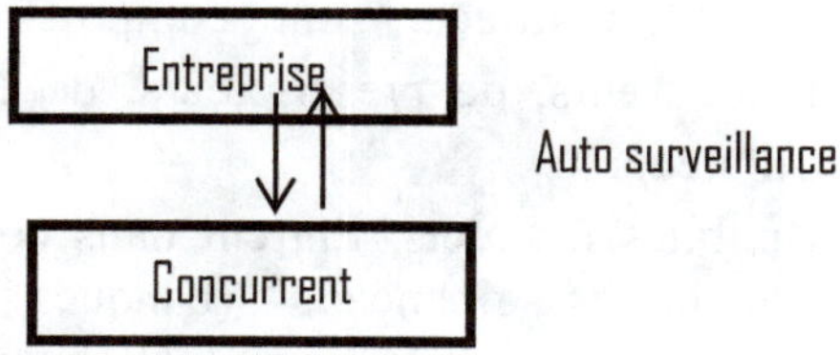

Donc, l'offre reprend l'entreprise et ses concurrents.

✓ *La demande* :

L'entreprise est confrontée à la demande de ses clients et ses prospects (clients potentiels). Elle doit disposer des informations essentielles relatives au marché auquel elle s'adresse, notamment, la taille (en volume, en valeur), l'évolution passée, actuelle et future et la répartition par segments. De plus, elle doit définir précisément ce marché. Une définition trop étroite limite le nombre de clients ; tandis qu'une définition trop large risque d'augmenter les coûts de manière trop importante ou d'en surestimer le potentiel.

L'entreprise doit également disposer des informations sur ses concurrents concernant (la taille, les objectifs, la part de marché, les stratégies, et tout autre élément susceptible d'influencer leurs intentions et comportements). Pour tout dire, la demande reprend les clients actuels et potentiels.

Il sied de noter que l'entreprise doit définir son marché de façon plus précise, ni trop large, ni trop étroite en dégageant les sous-marchés ainsi que leur structure et évolution.

2. Les publics

L'on distingue deux types de publics : directs et indirects.

- Les publics directs sont composés principalement de fournisseurs, de prescripteurs, de conseillers et de distributeurs ;
- Les publics indirects. Entrent dans cette catégorie les intermédiaires financiers (banques et institutions financières), les investisseurs (actionnaires), les groupes de presse (mass média, médias), les pouvoirs et administration, les groupes d'intérêts (associations de consommateurs, syndicats) et le grand public.

1.2.2. Macro-environnement

Le macro-environnement rassemble les facteurs qui influencent la situation de l'entreprise sur le marché en faisant évoluer son offre et sa demande. Ces facteurs constituent des éléments incontrôlables que l'entreprise ne peut pas manœuvrer. Force lui est d'anticiper l'action des sources d'opportunité et de menaces. En d'autres termes, le macro-environnement comprend des facteurs qui déterminent la structure, le fonctionnement et les résultats du système marketing de l'entreprise.

Si ces facteurs impactent profondément sur l'entreprise, du moins celle-ci n'a pas d'emprise sur eux.

Ce sont donc des facteurs incontrôlables auxquels l'entreprise doit adapter les facteurs contrôlables qui représentent les différents éléments du marketing-mix.

Ce macro-environnement comprend cinq composantes principales : la démographie, l'économie, la technologie, le politico-légal et le socioculturel. D'autres ajoutent les infrastructures et logistiques

Figure n° 14 : Composantes du macro-environnement

Microenvironnement	▪ Démographie ▪ Economie ▪ Politico-légal ▪ Socioculturel ▪ Technologie

1. La démographie

La démographie est l'étude des principales caractéristiques de la population humaine. Il est évident que l'évolution et la structure de la population ont une influence directe sur la consommation ; du fait que la population constitue le réservoir des consommateurs. Sans consommateurs, le marketing n'existe pas.

Le rythme de croissance démographique a un impact évident sur le monde des affaires. Un accroissement de la population peut entraîner un accroissement des besoins, qui conduit à un développement des marchés, si le pouvoir d'achat est suffisant.

Il est, également, vrai que si la demande exerce une trop forte pression sur les ressources constantes, les prix auront tendance à augmenter et réduiront même le pouvoir d'achat dans une proportion correspondante.

Tout bien considéré, le marketing dans ses stratégies relatives à l'offre et la demande doit prendre en compte des éléments macro-environnements, tels que la taille de la population et sa répartition géographique, sa structure, sa répartition par âges, sa composition ethnique et ses évolutions relatives aux taux de natalité, et de mortalité ainsi que ceux de nuptialité. A ce propos, l'exemple du cycle de vie familiale est édifiant en ce qui concerne l'usage du marketing perçu au regard des éléments démographiques présentés sous huit étapes suivants :

- Célibataire jeune : peu de revenus mais peu de besoins ;

- Couple jeune marié : les ressources augmentent ; les dépenses s'orientent vers la voiture, les vêtements, les appareils ménagers ;
- Nid plein I : couple avec enfants de moins de six ans, les ressources diminuent car, la femme cesse son activité, les besoins augmentent ;
- Nid plein II : couple avec enfants de plus de six ans : moins influencé par la publicité car, il dispose d'une expérience en matière d'achat ; les ressources augmentent grâce à l'avancement du mari et à la reprise d'activité de la femme ;
- Nid II : couple avec enfants à charge : remplacement, dans une meilleure qualité, des appareils achetés antérieurement ;
- Nid vide I : couple âgé sans enfant à charge : forte aisance financière, achats de luxe (bijoux, vacances) ;
- Nid vide II : couple âgé retraité : chute de revenu, dépenses orientées vers la santé ;
- Célibataire âgé : si le survivant n'a pas d'activité professionnelle – c'est souvent le cas de la femme forte diminution des revenus.

Il est un fait que toutes les entreprises ne sont pas concernées au même degré par les effets d'entrainement de l'évolution démographique. Un faible taux de natalité et le vieillissement de la population peuvent ralentir considérablement les activités des sociétés qui s'orientent essentiellement vers le marché des enfants avec des produits tels que : les jouets, les aliments pour bébés, les livres scolaires, mais peuvent par contre avantager les entreprises orientées vers le marché du troisième âge.

En somme, une entreprise face à l'offre et à la demande doit tenir compte de l'évolution démographique pour prévoir les tendances qui affectent l'avenir ; aussi vrai que la population représente l'ensemble des consommateurs avec toutes leurs spécificités.

2. L'économie

L'économie est l'ensemble de mécanismes logiques qui régissent la vie de tous au jour le jour. Ces mécanismes impliquent chacun et tous en tant que consommateurs ou entreprise. L'étude de l'environnement économique permet à l'entreprise de mieux se situer et de mieux comprendre le consommateur.

Cet environnement se transforme systématiquement puisque façonné en permanence par des mouvements économiques typiques à très long terme, à long terme, à moyen terme, et par des variables saisonnières à plus court terme.

En d'autres termes, l'économie se caractérise par une alternance de mouvements. Il s'agit, d'abord, par un mouvement de hausse appelé « expansion » qui aboutit à une situation de tension et de crise, puis d'un mouvement de baisse, appelé « récession » qui débouche sur la dépression et ensuite sur « la reprise ».

Ainsi, une première information concernant l'économie est fournie par la conjoncture. Celle-ci peut être considérée comme une photographie générale de la situation économique d'un pays à un moment donné. Cette situation se fonde sur une conjonction d'une série de variables telles que revenus, prix, épargne, crédit,…

a. Les revenus. Les revenus représentent l'outil avec lequel les consommateurs peuvent agir sur le marché. En effet, au fur et à mesure que les revenus augmentent, l'on peut s'attendre que la demande relative aux différentes catégories de biens et services subisse des modifications. Il est donc nécessaire de connaitre les niveaux de revenus et leurs répartitions entre l'épargne et la consommation. Ces niveaux proviennent de salaires, de revenus d'épargne et de transfert.

b. Les prix. Le niveau des prix, élément déterminant du pouvoir d'achat des consommateurs, se traduit par l'indice des prix à la consommation des ménages. Cet indice est établi par l'Institut National de la Statistique sur base de l'évolution des prix d'une série de produits et services. La hausse du niveau général des prix traduit une érosion du pouvoir d'achat de la monnaie. L'inflation est l'une de principales explications de ce phénomène. Celle-ci se manifeste par une augmentation générale des prix qui perdure.

c. Le crédit et l'épargne. Les dépenses des consommateurs sont liées aux possibilités d'épargne et de crédit. L'épargne est la partie des revenus qui n'est pas consommée. La part de l'épargne varie en fonction du niveau de revenu. Un revenu élevé offre une possibilité d'épargne plus grande. Il s'en suit que la propension à épargner dépend non seulement des habitudes de la population mais aussi de l'idée que l'on se fait de l'avenir. Le crédit, lui, permet d'augmenter les capacités d'achat des consommateurs, constitue un facteur important du développement économique d'un pays.

3. La technologie

La technologie est l'ensemble des connaissances accumulées par une société. Elle constitue un capital technique de non moindre pour l'entreprise. Avec l'évolution de la technologie, toute entreprise dynamique doit tenir compte des retombées de cette évolution pour y participer activement.

Les responsables marketing doivent suivre et comprendre cette évolution afin de fournir des produits et des services toujours mieux adaptés aux besoins du client.

4. Le politico-légal

La loi et la politique constituent un ensemble des facteurs qui exercent une influence croissante sur la prise de décision en marketing. L'intervention de l'Etat dans un but de protection se place à différents niveaux :

- Protection des entreprises les unes à l'égard des autres ;
- Protection des consommateurs ;
- Protection de la société.

a. Protection des entreprises les unes à l'égard des autres

L'Etat cherche à créer des entreprises compétitives sur le plan international et à maintenir une certaine liberté du commerce à l'intérieur du pays. Il a cependant tendance à favoriser le regroupement d'entreprises dans le but de mieux faire face à la concurrence internationale et à règlementer l'accès au marché intérieur tout en combattant les abus dus aux positions dominantes. L'on notera que l'interventionnisme croissant de l'Etat dans la vie de l'entreprise oblige celle-ci à être constamment au courant de la législation et à établir un réseau de relations avec l'administration sous peine de se créer des difficultés.

b. Protection des consommateurs

Pour l'heure, les concepts protection des consommateurs est à la une. Il importe de rappeler que ce mouvement a pris racine aux Etats-Unis d'Amérique aux lendemains de la grande crise économique de 1929. Il est né des suites des abus pratiqués par les producteurs et les distributeurs vis-à-vis des consommateurs. Des sources autorisées, les principaux droits des consommateurs portent sur les :

- Droit à la sécurité. Il s'agit du droit d'être protégé contre la mise sur le marché des produits et de services qui pourraient être dangereux pour la santé ou la vie ;
- Droit à l'information. Il concerne le droit d'être protégé contre toute information, publicité, étiquetage frauduleux ou trompeur, et par ailleurs le droit d'obtenir les informations nécessaires pour faire un choix en connaissance de cause ;
- Droit de choix. Il garantit le droit d'être assuré dans la mesure du possible d'accéder à une série des

produits et services dont le rapport qualité-prix est honnête ;

- Droit d'être entendu. Il assure que les intérêts des consommateurs seront pris en considération dans le cadre de la politique du gouvernement et des instances juridiques.

c. Protection de la société
L'Etat se doit de veiller au respect des intérêts globaux de la société. La société est souvent exposée par l'intérêt égoïste des entreprises qui s'adonnent à la vente des produits consommables et rentables pour elles mais néfastes pour la société, tels que l'alcool, les cigarettes, les stupéfiants. Il en est de même de centaines entreprises qui ont tendance à faire supporter par la société certains coûts directement liés à leurs activités à l'instar de la pollution de l'environnement.

5. Socioculturel

Chaque être humain naît et grandit dans un environnement socioculturel. Celui-ci peut marquer tout au long de sa vie, du fait que la culture est un guide de comportement pour l'individu tout comme pour le consommateur. L'être humain est fondamentalement social. Il se manifeste par sa culture à travers ses opinions, ses croyances, ses attitudes, ses us et mœurs, etc.

Il serait de bon aloi, de cercler ci-dessous, le « concept » culture selon les valeurs et variables liées à tel ou tel domaine, voire à telle organisation scientifique.

La culture est en sociologie, définie de façon plus étroite comme « ce qui est commun à un groupe d'individus » et comme, ce qui le soude », c'est-à-dire, ce qui est appris, transmis, produit et créé ».[46].

Guy Rocher perçoit la culture comme « un ensemble lié de manières de penser, de sentir et d'agir plus ou moins formalisées qui, étant apprises et partagées par une pluralité de personnes, servent d'une manière à la fois objective et symbolique à constituer ces personnes en une collectivité particulière et distincte ».[47].

Dans un sens plus large, la culture est selon l'UNESCO, « l'ensemble de traits distinctifs, spirituels, matériels, intellectuels et affectifs, qui caractérisent une société ou groupe social ».[48]. Elle englobe, outre les arts, les sciences, les modes de vie, les lois, les systèmes de valeurs, les traditions et les croyances, elle entraîne donc différents systèmes de valeurs.

Ces valeurs sont un centre de tout système culturel. Elles peuvent être secondaires ou centrales ; les valeurs secondaires sont très mouvantes, tandis que les valeurs centrales sont beaucoup plus stables. Ces valeurs peuvent changer avec le temps. Il sied de noter que ce changement peut avoir de répercussion sur la commercialisation des biens et des services. Le responsable marketing doit en être attentif. Force donc est de signaler ces variables liées à la culture telles que :

a. Le temps. Progressivement, les consommateurs accordent de l'importance au temps et plus spécialement à la répartition entre le temps de travail et le temps libre. Cette évolution culturelle a une incidence évidente sur le marketing au niveau de la création des produits et des services permettant de faire gagner du temps aux consommateurs.

b. L'hédonisme. L'hédonisme se fonde sur le principe qui consiste à ne pas remettre à plus tard le plaisir dont on a envie à l'existant. Cette vision contribue à créer une demande pour tous les produits caractéristiques de la

---

[46] https//fr. Wikipedia. org
[47] ROCHER, G. cite dans https//fr. m. Wikipedia. org
[48] *Idem*

vie agréable, surtout si ces produits sont accompagnés de possibilités de crédit qui permettent de ne pas attendre. Il s'agit de la mise en œuvre du spot : Achetez maintenant, payez plus tard.

c. La sociabilité. On l'a déjà rappelé : l'être humain est fondamentalement social. Ainsi, il est naturel que les individus se tournent vers les autres et adoptent aussi les valeurs de leurs semblables. Ceci entraîne des effets de comportement dans la consommation. C'est pourquoi, dans bien des cas, pour vendre, il est important de faire jouer l'attrait social qu'individualiste.

d. La sécurité. La sécurité reste l'un des soucis principaux de l'homme. Il s'inquiète des conséquences de la maladie, de l'inflation sur ses économies, du coût de l'éducation de ses enfants, des risques d'une récession économique, des problèmes de la vieillesse, de la multiplication de la violence….
Les gens recherchent donc des symboles susceptibles de leur donner confiance et de leur procurer un sentiment de sécurité. On peut songer à l'importance pour l'entreprise de se créer une bonne image de marque rassurante pour le consommateur et de lui assurer les garanties nécessaires pour une satisfaction maximale.

1.2.3. Extra-environnement

L'extra-environnement renvoie simplement à l'environnement naturel. Il englobe des éléments du domaine spatial tels que la lune, Venus, …. et les éléments du domaine marin tels que la végétation marine, souterraine (séisme…). Au-delà, il concerne les infrastructures et les logistiques. Les éléments évoqués commencent, de plus en plus, à avoir de l'emprise grande sur l'entreprise et à s'intégrer au macro-environnement. De la sorte, le marketing en son essence doit chercher à apprécier leur influence sur la vie de l'entreprise en général et dans la commercialisation en particulier. Cas du séisme en Japon avec la protection des centres nucléaires.

Le marketing est là pour apprécier tout cet entourage de l'entreprise direct ou indirect, leur impact sur l'offre de l'entreprise (produit ou service). Leur évaluation ou appréciation peut orienter et canaliser toutes les décisions marketing à long, moyen et court terme.

Cette évaluation partira de l'essentiel de la procédure marketing.

Section 2. Préalables à l'analyse de l'environnement marketing

L'analyse de l'environnement marketing se fait à deux niveaux :

Figure 15 : Environnement marketing

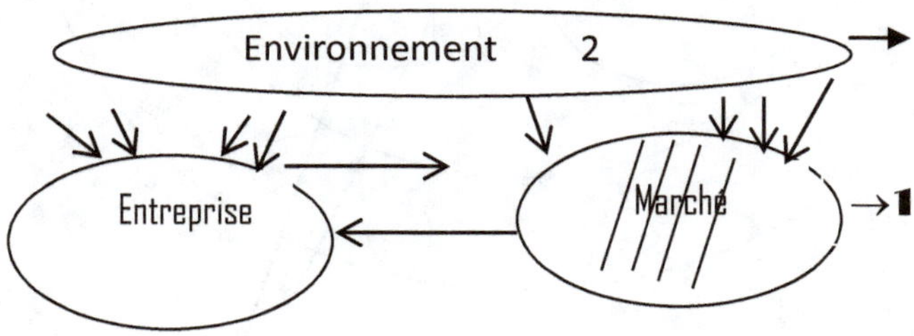

2.1. Analyse 1 : le marché

L'offre et la demande constituent les éléments essentiels d'analyse du marché par un découpage systématique selon les types et les niveaux.

2.1.1. Découpage du marché selon l'offre

En marketing, lorsqu'on assemble la notion de marché (ensemble de consommateurs éprouvant les mêmes types de besoin) à la notion de produit (avantages perçus), on parvient à identifier cinq niveaux d'analyse.

Figure 16 : Les différents types de marché

Le diagramme ci-dessous explique sommairement les cinq différents types de marché.

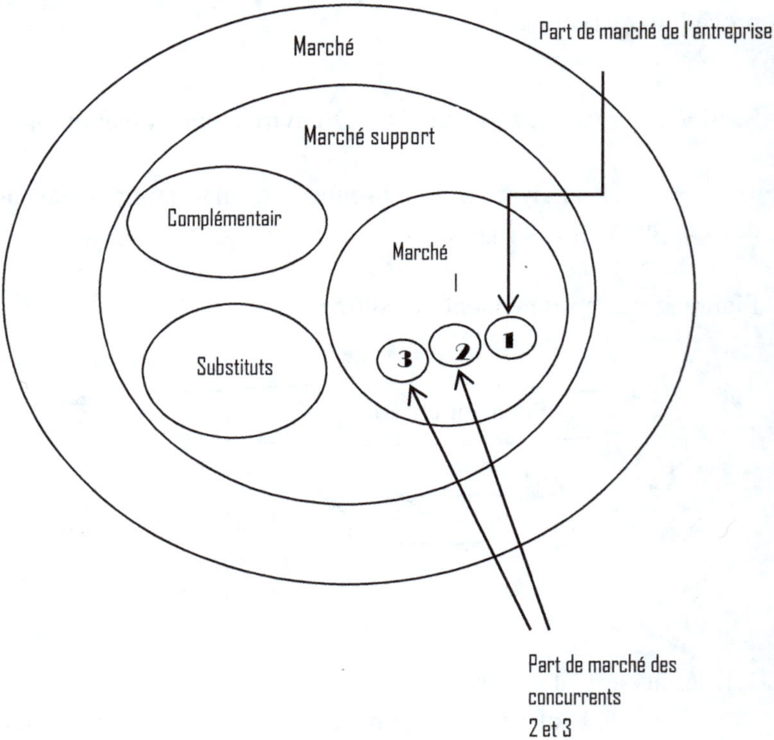

- Le marché principal concerne l'ensemble des produits semblables et directement concurrents ;
- Le marché générique représente tous les produits liés au genre du besoin satisfait par le produit principal ;
- Le marché support renseigne sur l'ensemble des produits dont la présence est nécessaire à la consommation du produit étudié ;

- Le marché des produits substituts (ou environnant) porte sur l'ensemble des produits de nature différentes du produit principal mais satisfont les mêmes besoins et les mêmes motivations, dans les mêmes circonstances ;
- Le marché complémentaire est l'ensemble des produits auxquels recourt le marché principal.

  L'indicateur utilisé pour cette analyse est la part de marché.

  La part de marché concerne la part des ventes de chacun des concurrents sur le marché donné. Elle se calcule de la manière suivante :

$$\text{PDM} = \frac{\text{CA de l'entreprise(ou d'une marque sur le marché)}}{\text{CA de l'ensemble des entreprises (marques sur le marché principal)}}$$

Où : PDM, représente la part de marché,
CA, représente le chiffre d'affaires.

2.1.2. Découpage du marché selon la demande.

Lorsqu'on découpe le marché selon la demande, on distinguera les consommateurs du produit et les non-consommateurs.

Figure n° 17 : Découpage du marché selon la demande

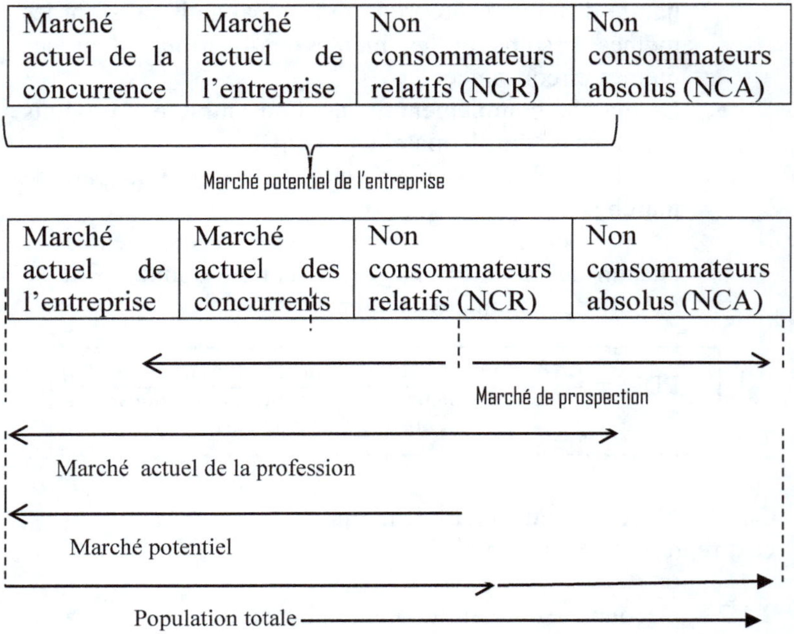

Le découpage du marché selon la demande représenté à la figure 17 en appelle au commentaire suivant :

- Les non consommateurs absolus sont des consommateurs qui n'achètent pas le produit ou le service pour des raisons d'ordre physique, psychologique ou moral ;
- Les non consommateurs relatifs sont des consommateurs dans l'immédiat mais les motifs de frein à l'achat ne sont pas rédhibitoires ;
- Le marché de la prospection de l'entreprise est estimé en tenant compte de la part des NCR transformable en acheteurs effectifs, et des consommateurs actuels de l'entreprise et ceux que l'on peut espérer gagner sur les concurrents ;

- Le marché de la prospection de l'entreprise comprend la part des NCR et des consommateurs que l'on souhaite transformer en clients de l'entreprise ;
- Le marché potentiel de la profession est donc l'ensemble des concurrents présents sur le marché. Dans cette structuration du marché, on peut donc distinguer : le marché actuel de l'entreprise, son marché potentiel, le marché actuel et le marché théorique.

2.2. Analyse 2 : l'environnement, autre que le marché

Comme expliqué ci-dessous, ce type d'analyse recourt tour à tour aux techniques, stratégies et éléments de microenvironnements.

2.2.1. Analyse SWOT – Diagnostic

L'« analyse SWOT est un outil de stratégie d'entreprise permettant de déterminer les options stratégiques envisageables au niveau d'un DAS ou SBU ».[49].

Où :

DAS : Domaine d'activités stratégique
SBU : Strategic Business Unit.

Le terme SWOT est un acronyme issu de l'anglais : Strenghts (forces), Weaknesses (faiblesses) Opportunities (opportunités), Threats (menaces).

L'analyse SWOT est donc un outil de l'audit marketing de l'entreprise et de son environnement. Le SWOT est le pivot entre l'analyse et la prise de décision marketing.

---

[49] https://fr.m.wikipedia.org/…/-…

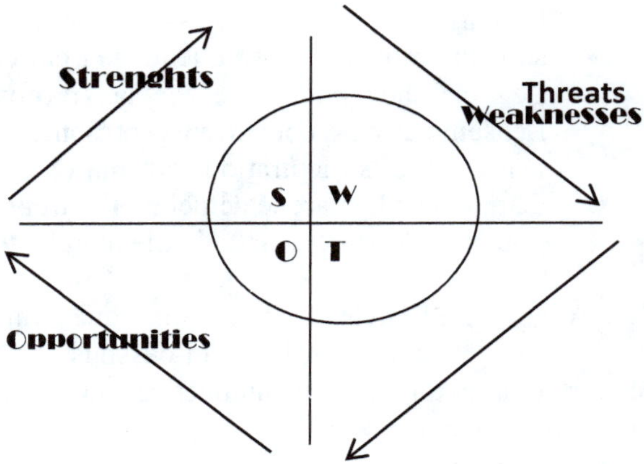

Analyse SWOT

Intern	FORCE	FAIBLESSES
Externe	OPPORTUNITES	MENACES

Cette analyse s'appuie sur les variables ou paramètres suivants :

A. Diagnostic interne :

Il s'agit pour l'entreprise d'identifier les forces (atouts) et les faiblesses par rapport au projet. C'est ainsi qu'elle devra analyser ses capacités au niveau de chaque maillon de la chaine de valeur (logistiques, production, marketing, infrastructures, GRH, technologie,…) pour repérer ses points forts, sources d'avantages concurrentiels et ses points faibles, points sur lesquels elle doit travailler et s'améliorer.

1. STRENGHTS/Forces
   - Capacités d'innovation ;
   - Leadership : croissance, part de marché ;
   - Qualité : taux de satisfaction sur le produit ;
   - Compétitivité, commerciale, technologie.
2. WAEKNESSES/Faiblesses
   - Moindre capacité financière ;
   - Faible image de marque, notoriété ;
   - Portefeuille de produits, mal équilibré ;
   - Faible, compétitivité commerciale.

B. Diagnostic Externe

Il s'agit pour l'entreprise de déceler les menaces et les opportunités (attraits) liées aux différents environnements.

- Opportunities/Opportunités
  – Marchés ou segments en croissance
  – Marchés ou segments à potentiel
  – Nouvelle technologie
  – Réglementation favorable, …
- Threats /menaces
  – Concurrence directe et élargie
  – Nouveaux entrants, …
  – Législation peu favorable
  – Marchés en maturité ou en baisse, …

2.2.2. Analyse PESTEL – Diagnostic

L'analyse PESTEL (Politique, Economique, Sociologique, Technologique, Ecologique, Légal) est un modèle permettant d'identifier l'influence (positive ou négative) que peuvent exercer sur une organisation, les facteurs macro-environnementaux.

En effet, l'analyse PESTEL ou PESTE n'est pas un outil mais bien un aide-mémoire technique qui permet d'effectuer une analyse externe plus simplement et ainsi de réaliser une matrice SWOT.

Ses facteurs qui peuvent influencer une entreprise sont de différents ordres :

- Politique. Ils résultent, notamment, de : la stabilité gouvernementale, la politique fiscale, la protection sociale, du commerce extérieur, etc.

- Economique. Ils proviennent : du cycle économique, de l'évolution du produit national brut, du taux d'intérêt, de la politique monétaire, de l'inflation, du chômage, du revenu disponible, etc.
- Sociologique. Ils sont la conséquence des effets de : la démographie, la distribution des revenus, la mobilité sociale, le consumérisme, le niveau d'éducation, l'attitude de loisir et de travail, etc.
- Technologique. Les investissements privés sur la technologie, les nouveaux brevets ou découvertes, la vitesse de transfert technologique, les taux d'obsolescence en sont la cause.
- Ecologique. Ils proviennent des lois sur la protection de l'environnement, le retraitement des déchets, la consommation d'énergie, etc.
- Légaux. Ils sont en rapport avec les lois sur les monopoles, les droits du travail, la législation sur la santé, les normes de sécurité, etc.

L'analyse PESTEL constitue généralement la première étape d'une analyse d'activité stratégique. Elle ne doit pas se limiter à une simple liste. Elle doit conduire à l'identification des facteurs les plus structurant, pour le marché considéré que l'on appelle – variables pivots.

Le croissement des évolutions possibles des variables pivots permet de définir les scenarios d'évolution du marché.

2.2.3. Autres analyses de l'environnement

Il s'agit ici de l'analyse des éléments du microenvironnement. Celle-ci permet d'établir un état des lieux sur la situation des forces en présence, les opportunités et les menaces ainsi que ce qui est négociable pour l'entreprise.

Quatre facteurs peuvent sensiblement influencer la performance de l'entreprise sur le marché. Ce sont notamment :

1. Les clients. L'entreprise doit identifier leurs besoins, mesurer leur nombre, connaître leurs forces et leur pouvoir.

2. Les fournisseurs. Ce sont les entreprises (ou personnes) qui fabriquent ou commercialisent des produits ou services indispensables aux activités de l'entreprise. Il importe que l'entreprise connaisse leur nombre, leurs forces et leur pouvoir.
3. Les intermédiaires. Leur mission consiste à aider l'entreprise à accéder au consommateur final afin que ce dernier soit en mesure d'acquérir le produit ou le service. L'entreprise doit bien les connaître et les entretenir.
4. Les concurrents. La concurrence concerne la rivalité entre les entreprises qui opèrent sur un marché et satisfont les mêmes besoins de consommateurs. L'entreprise doit identifier ses concurrents directs (produits identiques) ou indirects (substitut) et évaluer leur force et leur pouvoir.

Conclusion

Il résulte des considérations ici suffisamment étayées que le marketing est le trait d'union entre l'entreprise et le marché. Ce trait d'union n'existe que dans la mesure où le marketing, dans ses analyses, prendra en compte la structure de l'environnement sous ses multiples facettes : micro, macro, et extra-environnement.

Sixième chapitre
Procédure d'évaluation du contenu de l'environnement marketing

Objectif du chapitre

L'objectif de ce chapitre consiste à décrire le processus d'évaluation de l'environnement marketing à travers un certain nombre d'outils.

✓ Contenu du chapitre

Le contenu de ce chapitre s'articule autour de deux sections portant tour à tour sur :

- La démarche de l'évaluation de l'environnement,
- Les outils d'évaluation de l'environnement.

Le marketing repose essentiellement sur un ensemble des techniques qui permet à l'entreprise de formaliser sa stratégie et son plan d'action pour satisfaire les besoins actuels et prévisibles des marchés qu'elle a choisi de conquérir et de servir. Pour s'aboutir, l'entreprise doit adopter une approche rigoureuse.

Section 1. Démarches d'évaluation de l'environnement

Cette démarche consiste à surveiller l'environnement marketing au moyen de :

- L'observation de l'évolution de l'environnement ;
- L'analyse de l'évolution de l'environnement par la collecte et le traitement de l'information pertinente, susceptible de permettre à l'entreprise d'établir un diagnostic de sa situation sur le marché en tenant compte des pressions externes.

1.1. Schéma de la démarche d'évaluation de l'environnement

La démarche d'évaluation de l'environnement s'effectue selon le processus suivant :

Schéma n° 5 : Processus d'évaluation de l'environnement

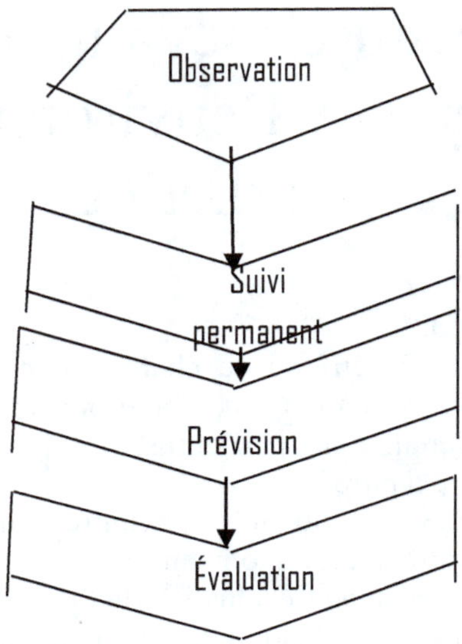

1.2. Contenu de la démarche d'évaluation de l'environnement

Le processus d'évaluation de l'environnement repose sur les étapes suivantes :

- Observation de l'environnement. L'entreprise observe son environnement de manière à identifier rapidement les changements qui peuvent affecter son activité ;
- Suivi permanent. Dès qu'une modification de l'environnement est perçue, l'entreprise en identifie les implications sur son développement et analyse les opportunités et les menaces qui résultent de cette évolution ;
- Prévision. La prévision des changements est un exercice périlleux. Toutefois, l'information obtenue grâce au suivi permanent permet de déterminer l'importance du changement ;
- Evaluation. L'entreprise détermine les conséquences du changement à partir des nouvelles exigences du

consommateur, et ce, pour examiner les opportunités offertes par cette modification de l'environnement.

Section 2. Outils d'évaluation de l'environnement

Pour mieux maîtriser l'environnement il importe que l'entreprise applique la « veille marketing ». Celle-ci comprend l'ensemble des méthodes qui permettent à une entreprise de collecter, d'analyser et de surveiller son environnement sur le plan concurrentiel ou sur le plan technologique.

En d'autres termes, la veille marketing est une réponse à la veille concurrentielle et la veille technologique. Elle s'organise autour de deux axes suivants :

Le Système d'Information Marketing, en sigle SIM ;

- Les études de marché.

2.1. Système d'Information Marketing (SIM)

2.1.1. Définition

Le « système d'information marketing est un réseau complexe de relations structurées où interviennent des hommes, des machines et des procédures ayant pour objet de générer un flux ordonné d'informations pertinentes, provenant de sources internes et externes à l'entreprise, destiné à servir de base aux décisions dans les aires spécifiques de responsabilité du marketing ».[50].

Ce système est constitué d'un ensemble de personnes, d'équipements et de procédures en vue de rassembler, tirer, analyser et diffuser des informations utiles, nécessaires et pertinentes aux responsables marketing pour les aider à prendre leurs décisions.[51].

---

[50] DEMONY, CI., SPIZZICHINO, R., *Les Systèmes d'information en marketing*, Paris, Dunod, 1969.

[51] KOTLER, P., KELLER, K. et MANCEAU, D., *Op. Cit.*, p.72

Il s'agit concrètement d'établir un équilibre entre les informations dont les responsables marketing estiment avoir besoin, par rapport à celles dont ils ont vraiment besoin et d'apprécier au plan économique et commercial, les variables qui en découlent.

2.1.2. Objectifs de SIM

Lorsque l'entreprise dispose de la bonne information au bon moment, celle-ci bénéficie ipso facto d'une avance durable, voire importante et différentielle sur la concurrence.

De la définition précitée, il ressort que le SIM a pour objectif de structurer et gérer les besoins d'informations marketing et tour à tour :

- Il permet d'analyser les résultats enregistrés et les erreurs commises dans le passé pour en tirer des renseignements pour les présents et l'avenir ;
- Il facilite la prise de décisions en ce qui concerne le choix du marché, le choix des produits et la définition de la gamme, la stratégie commerciale, la définition des politiques du mix-marketing ;
- Il fournit à chaque marketeur, en fonction de son rôle et de sa position hiérarchique, les informations qui lui serviront à réaliser son travail ;
- Il permet de filtrer l'information afin que chaque marketeur ne reçoive que l'information qu'il peut et qu'il doit manipuler ;
- Il procure toute analyse, donnée ou information lorsqu'elle est demandée ;
- Il ne fournit qu'une information mise à jour ;
- Il ne fournit l'information au marketeur que lorsque l'action est possible et appropriée ;
- Il procure l'information sous une forme compréhensible et agréable au décideur.

Le schéma ci-dessous représente la structure du SIM :

Schéma 6 : Structure de SIM

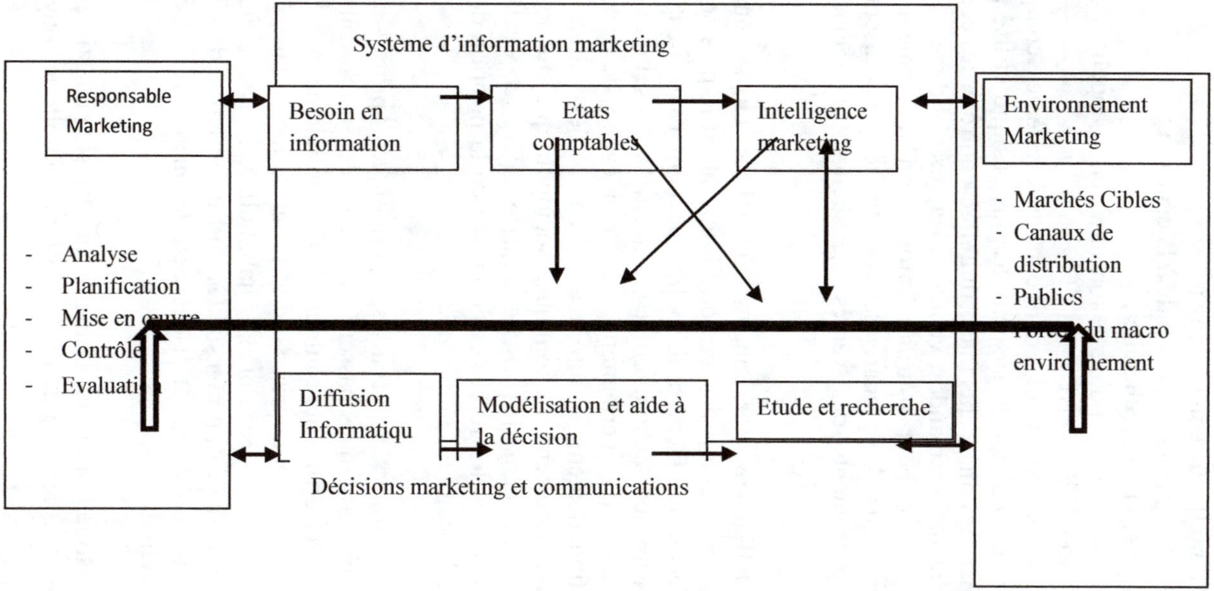

Une lecture serrée du schéma 6 laisse entrevoir que la mémoire SIM contient quatre points focaux :

- Les états comptables ;
- L'intelligence marketing ;
- La modernisation et l'aide à la décision ;
- Les études et recherches.

Ces points focaux en appellent aux commentaires ci-dessous :

A. Les états comptables dérivent du système comptable interne. Il s'agit du système le plus basique utilisé par la plupart des dirigeants marketing pour contrôler les comptes rendus de commandes, ventes, inventaires et dettes. Il peut être utilisé pour fournir l'information rapidement étant donné que la plupart des entreprises produisent des enregistrements des ventes mensuelles, hebdomadaires, etc.

B. L'intelligence marketing est formalisée en système de renseignements. Il s'agit de l'information le plus souvent collectée de façon informelle sur l'environnement et la concurrence. Cette intelligence constitue des sources et des moyens qui permettent aux dirigeants de se tenir continuellement informés de l'évolution de l'environnement économique, sociopolitique du domaine d'activité dans lequel l'entreprise opère et évalue en permanence les forces et faiblesses de la position détenue dans le marché de référence.

   Les journaux spécialisés, périodiques professionnels, congrès, colloques passent comme divers instruments pour cerner les différents contours de l'environnement.
   En effet, les entreprises qui utilisent de façon intégrée, ont des moyens personnels, habituellement des réunions hebdomadaires ou mensuelles où l'information d'alerte ou de veille collectée est discutée par les membres de l'équipe marketing.

C. La Modélisation et l'aide à la décision constituent un système d'analyse de l'information. Il implique souvent la prise de l'information à partir des sources variées (interne et externe, primaire et secondaire, ponctuel et permanent) et utilisation de cette information pour construire un modèle sur la façon dont le marché fonctionne.

D. Etudes et Recherches. Ce système de recherche marketing implique souvent des études formelles qui sont menées pour résoudre un problème particulier. La recherche marketing spécifie l'information dont on a besoin pour adresser aux problèmes marketing spécifiques des techniques de collecte des données appropriées, l'analyse des données et le rapport des résultats de la recherche avec ses implications.

2.1.4. Contenu du SIM

Le système d'information marketing met à la disposition du décideur marketing toute l'information nécessaire pour prendre une décision cohérente. Ces informations sont représentées au tableau ci-dessous :

Tableau n° 7 : Informations contenues dans un SIM de type classement intégré

Thèmes	Informations disponibles
Marché	▪ Taille globale ▪ Croissance ▪ Segmentation ▪ Stabilité de la demande ▪ Risque de substitution ▪ Distribution
Système concurrentiel	▪ Analyse du secteur d'activité (structures actuelles), évolution, (concentrations) ▪ Concurrents actuels (identification, taille, puissance, domaine d'excellence, avantages concurrentiels, stratégie marketing, produits, publicité) ▪ Entrants potentiels (identification, raisons de leur entrée, avantages potentiels ; conséquences)
Environnement technologique, économique et cadre politico-légal	▪ Technologie du produit ▪ Mode de production ▪ Mode de distribution et de commercialisation

	▪ Environnement économique (variables macro-économiques, législation et règlementation, accès au marché, normes) ▪ Environnement social (climat social, variables démographiques)
Environnement socioculturel	▪ Valeurs socioculturelles centrales (valeurs de base non modifiables) ▪ Sous-cultures ▪ Evaluation des flux socioculturels
Informations sur les produits	▪ Satisfaction vis-à-vis des produits, services, procédures ▪ Positionnement par rapport aux autres produits/gamme, tests et audits produits
Informations sur la politique de ventes	▪ Ventes (bases de données commerciales, comptabilité, production) ▪ Prix de vente ▪ Efficacité des promotions ▪ Activité des vendeurs ▪ Couverture de la distribution
Informations sur la clientèle	▪ Utilisation des produits ▪ Comportements ▪ Typologie

Informations sur la publicité	▪ Position image de marque ▪ Etude de motivation ▪ Efficacité publicitaire (pré et post-tests) ▪ Concurrence ▪ Orientation et poids de la publicité ▪ Dépenses média.

Source : Ganth-Sinechal, M., Vendercammen, M. cite par Vandercammen, M., *Op. cit.*, p. 45-49

2.2. Etudes de marché

2.2.1. Notions et définition

Les études de marché sont des méthodes modernes et dynamiques pour comprendre et agir sur l'évolution des marchés. C'est une discipline à la fois théorique et pratique pour cerner les besoins et les comportements des multiples publics d'un marché.

Les études précitées concernent une composante du système d'information marketing comprenant les techniques de collecte et d'analyse des données en vue de répondre à une question marketing. Celles-ci selon Zaltman et Burger.[52] portent sur le diagnostic des besoins d'information et la sélection des variables pertinentes à propos desquelles des informations valides et fiables doivent être collectées, enregistrées et analysées.

Les études de marché couvrent « l'ensemble de diverses activités organisées de collecte et d'analyse des informations relatives aux marchés et plus généralement aux publics dont dépend l'entreprise, dans le but de servir de base aux décisions marketing et d'en minimiser les risques, selon, des procédures formalisées, fondées sur le principe de la méthode scientifique afin d'assurer l'objectivité des informations, leur précision, leur pertinence et leur fiabilité ».[53].

Les études de marché sont également perçues comme « l'ensemble des activités qui visent à définir, recueillir et analyser de façon systématique des informations permettant d'alimenter le processus de décision en marketing, afin de le rendre plus efficace. Tout compte fait, une étude de marché est la fonction qui relie le consommateur, le client et le public au spécialiste en marketing via l'information ; l'information est

---

[52] ZALTMAN, G., BURGET, PC., *Marketing Research, Fundamentals and Dynamics*, Hinsdale ; Illinois,
Dryden Press, 1975.

[53] DELBES, R. et TEYSSONNIERE de GRAMONT, E., *Etudes de marché, outil de la décision*, 2è éd. rev. et corr., Paperback, 1997. [Études de marché Raymond **Delbès** et Éric **Teyssonnière** de Gramont. Édition. Paris Delmas DL 1991, cop. 1991]

utilisée pour identifier et définir les opportunités et les problèmes marketing, pour générer, affiner et évaluer des actions marketing, pour contrôler la performance marketing »[54].

2.2.2. Objectifs de l'étude de marché

L'étude de marché vise à favoriser la mise en place du concept marketing ; elle analyse le marché (marketing stratégique) et constitue ainsi un outil d'aide à l'action (marketing opérationnel). Partant, les objectifs d'une étude de marché sont les mêmes que ceux de la recherche marketing puisqu'ils visent :

- L'aide à la compréhension (décrire, analyser, mesurer, prévoir la demande et les facteurs qui l'influence) ;
- L'aide à la décision (identifier les moyens de conquête de la demande potentielle et déterminer leur niveau d'intervention) ;
- L'aide au contrôle (analyser les performances et les résultats atteints).

2.2.3. Domaine des études de marchés

Les études de marché sont la condition nécessaire et suffisante à de bonnes décisions marketing, pour concevoir et conduire une politique marketing et commerciale efficace, pour mener à bien des projets de développement réalistes, pour affronter les attaques de concurrence.

En effet, pour anticiper et intégrer les évolutions du macro-environnement qui impactent l'offre et la demande, une entreprise a besoin d'un ensemble d'informations sur ses marchés. Pour satisfaire les consommateurs, pour créer de la valeur perçue, il faut d'abord les connaître.

L'étude du marché est consubstantielle au marketing.

---

[54] DECAUDIN, J.-M., AFIFA, B. et BORIES, D., *Etudes marketing*, 6è éd., Paris, Pearson, 2011, p. 10.

Figure18 : Domaine des études de marché

La figure 16 représente la structure du domaine des études de marché.

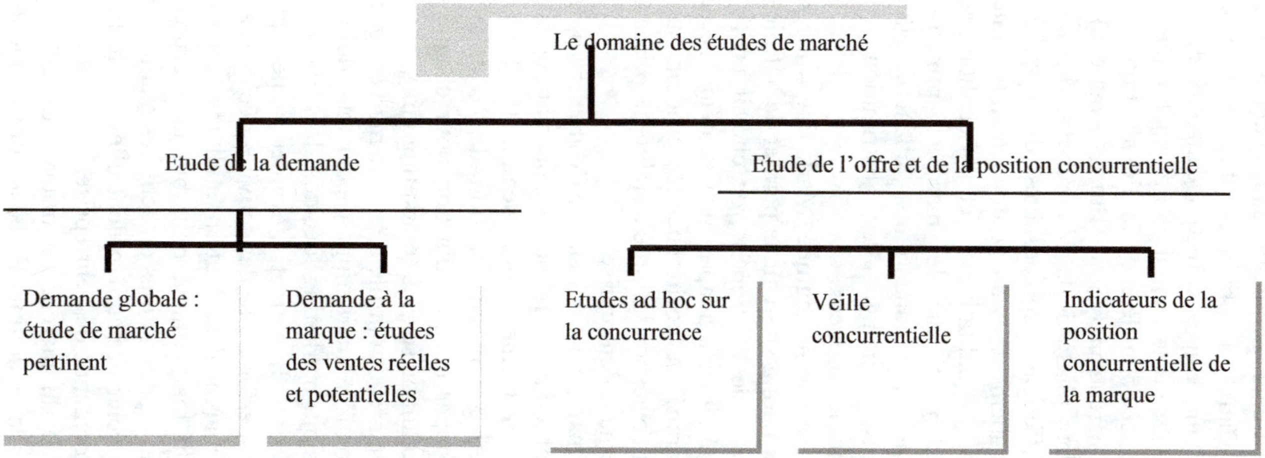

Source : LENDREVIE, J. et LEVY, J., *Mercator*, 10è éd., Paris, Dunond, 2012, p. 59.

2.2.4. Place de l'étude de marché dans la démarche marketing

Dans la pratique, une entreprise suit une démarche en cinq étapes correspondant aux cinq facettes du marketing : une démarche d'abord analytique, stratégique, opérationnelle, de contrôle et enfin d'évaluation.

- La démarche analytique (Etude de marché) :
  Première phase de la démarche marketing, elle étudie les différentes composantes du marché et de son environnement avant toute décision stratégique. Ces études, qualitatives et quantitatives, portent généralement sur le marché : principaux acteurs (fournisseurs, concurrents, clients), environnement, produits, circuits de distribution, modes de communication, etc.
- La démarche stratégique (Marketing stratégique) :
  Le marketing stratégique permet de définir les objectifs généraux de l'entreprise, de choisir un (ou plusieurs) marché-cible, d'adapter une stratégie de segmentation du marché, de positionner les produits sur ce marché, etc. Il correspond à un ensemble de prises de décisions concernant l'entreprise.
- La démarche opérationnelle (Marketing opérationnel) :
  Le marketing opérationnel a pour but de concrétiser les choix effectués précédemment. Le responsable marketing doit en fonction de la stratégie adoptée, développer un plan d'action pour chaque composante du produit ou service (marketing mix).
- La démarche contrôle (contrôle marketing) :
  Le contrôle marketing a pour but de rapprocher la prévision marketing décidée lors de l'analyse à la réalisation. Il permet d'évaluer la performance ou la contre-performance des activités décidées et réalisées.
- La démarche d'évaluation (audit marketing) :
  L'audit marketing a pour but de mesurer l'efficacité marketing des actions ou activités marketing réalisées et d'apprécier la manière dont elles ont influé sur l'offre ou la demande de l'entreprise.

  L'étude du marché se trouve aux cheveux de toute demande marketing. Elle constitue même le primaire de marketing car tout développement marketing en dépend, en amont, comme en aval sur toute décision ou action marketing.

2.2.5. Typologie des études de marché

On distingue généralement deux types d'études :

- Etudes qualitatives. Sont concernées ici des études à caractère intensif qui utilisent comme procédure de collecte des données une approche ouverte non directive, permise et indirecte des personnes interrogées (entretien, interview …etc.). Les études qualitatives s'emploient à répondre au « pourquoi ? » ;

- Etudes quantitatives. Il s'agit des études structurées et organisées qui donnent un maximum d'informations sur le marché (questionnaire, panel, … etc.). Les recherches quantitatives répondent aux questions « comment et combien ? ».

Tableau n° 8 : Comparaison entre les deux types d'études de marché

	Etudes qualitatives	Etudes quantitatives
Forme	Entretien	Sondage
Objectifs	Définir les hypothèses, comprendre l'image véhiculée par une marque, rechercher les idées nouvelles pour un produit, tester un message publicitaire, … etc.	Vérifier des hypothèses, mesurer des comportements, se rendre compte de la notoriété d'une marque, se mesurer à la concurrence … etc.
Cible	Petit groupe	Grand groupe
Techniques utilisées	Entretien, interview	Sondage, questionnaire …
Contacts	Face à face	Internet, courrier …
Questions posées	Questions ouvertes	Questions précises, fermées
Résultats	Hypothèse, estimation	Chiffres et statistiques.

Conclusion

Au terme de ce chapitre, il ressort que l'environnement marketing est complexe. Son évaluation recourt aux techniques et connaissances des données ou d'informations en vue d'aboutir à des décisions utiles et utilisables.

L'ensemble de diverses activités organisées ont pour but d'envisager utilement la veille marketing avec toute sa diversité : veille concurrentielle et veille technologique. Les études de marché constituent l'un des outils dynamiques et opérationnels dans l'entreprise du fait qu'ils sont situés tour à tour en amont et en aval de toute démarche marketing fondées sur des aspects analytiques, stratégiques, opérationnels, le contrôle et l'évaluation.

Septième chapitre
Procédure d'évaluation marketing

✓ Objectif du chapitre

Tracer le processus utilisé lors de l'évaluation de l'action marketing est l'objectif poursuivi dans ce chapitre. Cette évaluation permet de détecter les forces ou les faiblesses de l'entreprise face à la concurrence. Par conséquent, la démarche marketing va se baser sur l'environnement immédiat de l'entreprise.

✓ Contenu du chapitre

Ce chapitre s'emploie à évaluer l'action marketing en deux sections suivantes :

- L'analyse du processus de l'action marketing,
- La formalisation de la procédure de l'action marketing.

Section 1. Analyse du processus de l'action marketing

1.1. Schéma de la démarche marketing

Pour atteindre ses objectifs, le service marketing met en place une démarché logique de réflexion d'action et de contrôle suivant le schéma ci-dessous.

Schéma 7 : Etapes de la démarche marketing

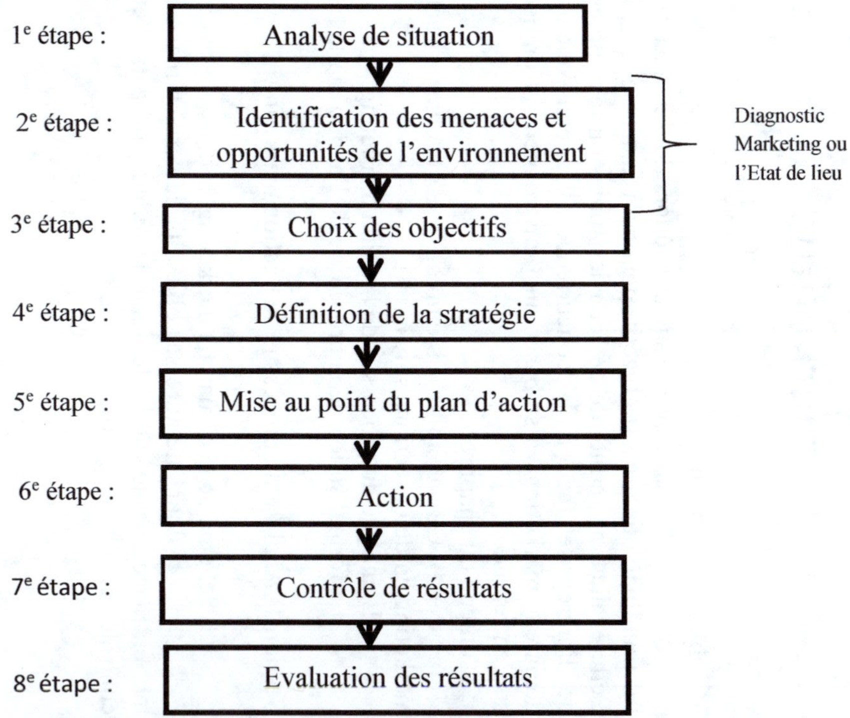

1.1.1. Analyse de la situation

L'analyse de la situation consiste à poser un diagnostic interne. Elle porte sur les différents éléments de la performance de l'entreprise dont :

- le métier et les domaines d'activités stratégiques (DAS) ;
- les ressources humaines, financières, technologiques ;
- la structure organisationnelle ;
- la culture de l'entreprise (management)

Le service marketing a la responsabilité de faire en premier lieu l'analyse de la situation de l'entreprise face à sa position concurrentielle et dresser un bilan de ses points forts et de ses points faibles.

Une force est une capacité (individuelle ou collective), voire une compétence distinctive. Un tel pouvoir procure un avantage différentiel à l'entreprise. En effet, une entreprise peut jouir d'un avantage différentiel à partir du moment où ses compétences distinctives lui permettent de remplir plus facilement que ses concurrents les conditions requises pour exploiter une opportunité avec succès.

Une faiblesse, quant à elle, est une défaillance ou un manque de résistance ou de capacité. Elle se traduit souvent en terme de fragilité susceptible de créer un handicap dans un domaine d'activité.

L'analyse de la situation est généralement fondée sur l'évaluation des principes variables du marketing-mix dans l'entreprise et chez les concurrents et l'analyse des domaines stratégiques de l'entreprise et du concurrent.

1. Evolution de principales variables du marketing- mix

Une liste des questions de contrôle sur l'entreprise, son marketing-mix par rapport à ceux de ses principaux concurrents ou rivaux constitue les principaux éléments d'analyse.

Elle porte sur :

a. Le produit

1°. Caractéristiques intrinsèques :

- Divers critères de performance ;
- Design ;

- Emballage, conditionnement ;
- Maniabilité, facilité d'utilisation,
- Durabilité, robustesse ;
- Largeur de gamme ;
- Avance technologique ;
- Indice synthétique de qualité pour les principaux segments de la clientèle.

2°. Caractéristiques périphériques :

- Service « avant-vente »
- Service après-vente
- Délais de liaison, disponibilité du produit
- Plaintes de clients et retour de marchandise.

3°. Caractéristiques psychologiques :

- Image globale et par critères ;
- « personnalité » du produit ;
- Valorisation du possesseur de l'utilisateur.

b. Le prix

- Comparaison des prix à l'achat ;
- Conditions de paiement ;
- Coût annexes pour le client : transport mise en service… ;
- Coûts d'entretien ;
- Rapport qualité-prix.

c. Distribution et logistique

- Nombre des points de distribution ;
- Proximité de la clientèle (dépôts,…) et délais de réapprovisionnement ;
- Rémunération de distribution (marges, ristournes) ;
- Services donnés à la distribution, appuis dont elle bénéficie,
- Image auprès de différents circuits ;
- « bonne volonté » des distributeurs ».

d. Force de vente

- Importance
- Dynamisme, motivation

- Présence chez les clients (nombre de visites/mois)
- Organisation.

e. Publicité et promotion

- Importance du budget de publicité ;
- Importance du budget de promotion ;
- Pourcentage du chiffre d'affaires consacré à la publicité-promotion ;
- Qualité de la publicité ;
- Est-elle correctement ciblée ? ;
- Netteté du message ;
- Notoriété cumulée (spontanée, assistée).

2. Analyse des domaines stratégiques de l'entreprise et du concurrent

Outre l'évaluation de variables évoquées, l'analyse va également examiner les domaines suivants :

- Finance ;
- Production ;
- Ressources humaines ;
- Marketing.

Dans chaque domaine, seront étudiés les indicateurs suivants :

a. Finance

La vérification porte sur la surface financière de l'entreprise en la comparant à celle de la concurrence. Les éléments à prendre en compte sont :

- Le coût du capital ;
- La disponibilité des fonds ;
- Le cash-flow ;
- La stabilité financière.

b. Production

L'indicateur principal à vérifier sur la production est le savoir-faire (technologie) de l'entreprise par rapport à la concurrence. Les éléments suivants concourent à cette analyse :

- L'outil de production ;
- Les économies d'échelle ;
- La capacité de production ;
- La qualification de la main d'œuvre ;

- Le respect des délais ;
- Le savoir-faire technique.

c. Ressources humaines

Le potentiel humain de l'entreprise par rapport à celui de la concurrence sert d'indicateur de vérification. Les éléments suivants vont conduire à cette analyse :

- La capacité de leadership ;
- La capacité de gestion ;
- L'esprit d'entreprise ;
- La capacité de réaction.

d. Marketing

Concernant le marketing, la vérification concerne les éléments suivants par rapport à ceux de la concurrence :

- La notoriété et la réputation ;
- La part de marché ;
- La qualité des produits ;
- La qualité des services ;
- L'attractivité des prix ;
- L'efficacité de la distribution ;
- L'efficacité de force de vente ;
- L'efficacité des promotions ;
- La capacité d'innovation ;
- La couverture géographique.

1.1.2. Identification des menaces et opportunités de l'environnement

L'identification des menaces et opportunités de l'environnement concerne le diagnostic externe. Il permet d'identifier pour chacun des 9 éléments suivants les opportunités ou des menaces :

- Les forces du macro-environnement (démographiques, économiques, technologiques et socioculturelles) ;
- Les acteurs du microenvironnement (clients, concurrents, circuits de distribution, fournisseurs) et autres acteurs (intermédiaires financiers,...).

Rappelons que l'opportunité est le domaine d'action dans lequel l'entreprise peut espérer jouir d'un avantage différentiel. Sa valeur est liée à son attrait et à sa probabilité du succès. Par contre, la menace est le problème posé par une tendance défavorable ou une perturbation de l'environnement qui, en absence d'une réponse marketing appropriée, conduit à une détermination de la position de l'entreprise sur le marché.

L'identification des menaces et opportunités constitue une approche originale du marketing qui recherche hors de l'entreprise, les données et les analysées pour gagner de nouveaux terrains d'action. Il est question de mesurer les chances de l'entreprise, de savoir les opportunités et contrer les menaces de l'environnement.

1.1.3. Choix des objectifs

Dans la procédure d'évaluation marketing, le choix des objectifs à atteindre constituent des préalables essentiels parce qu'ils visent tour à tour :

- La rentabilité ;
- La croissance de chiffre d'affaires (attrait du marché) ;
- La conquête de la part de marché (avantage relatif) ;
- La réparation des risques ;
- L'innovation…

Ces objectifs doivent être :

a. Hiérarchisés : c'est-à-dire classés par ordre de priorités ;
b. Quantifiés, : c'est-à-dire, leur niveau de la croissance est à préciser ;
c. Réalistes, c'est-à-dire faire preuve de réalité ;
d. Cohérents, c'est-à-dire, tous les objectifs sont à optimiser.

1.1.4. Définition de la stratégie

La stratégie consiste pour l'entreprise à définir les différentes voies à emprunter pour atteindre les objectifs fixés. En effet, les stratégies sont nombreuses que le sont les combinaisons des variables du marketing-mix.

Elles portent essentiellement sur :

Nature	Caractéristiques
1. Le Marché	▪ Quels segments, quelles cibles de la clientèle ?
2. La place par rapport aux concurrents	▪ Quel positionnement retenir ?
3. Les produits	▪ Concept, formule, conditionnement, marque ?
4. Les prix	▪ Pénétration ou écrémage ?
5. Communication	▪ Quel dosage entre moyens, quel axe ?
6. La distribution	▪ Intensive ou sélective ? ; Quel merchandising ?
7. La Force de vente	▪ Combien de vendeurs, quel est leur profil ?

Il importe que ces stratégies soient moins coûteuses, plus ou moins risquées, plus ou moins rapides. Pour tout dire, les stratégies à mettre en place dépendent respectivement du moment de la décision, de la culture de l'entreprise, de ses moyens disponibles et des moyens qu'elle peut mobiliser. Le choix d'une stratégie est présenté par la direction.

1.1.5. Mise au point d'un plan d'action

L'élaboration d'un plan d'action marketing vise à planifier les différents programmes d'action à court et à moyen terme, et ce, pour permettre la mise en place de différentes politiques de produits, de prix, de communication et de distribution.

Il s'agit en d'autres termes, de choisir les moyens à utiliser et leur coût souvent traduits sous forme de budget. Ce faisant, il sera aisé de déterminer de nouveaux objectifs et de répartir les responsabilités de chacun dans l'entreprise à tous les niveaux.

1.1.6. Action

La phase d'action met en œuvre tous les moyens de l'entreprise tournée désormais vers le client et nécessite la mise en place d'un système de contrôle des résultats.

1.1.7. Contrôle des résultats

Cette phase- ci joue le rôle de pilotage de l'action en vue de connaitre en permanence les réactions de la clientèle (satisfaction, nouveaux besoins,…) et de la concurrence (contre – offensive, lancement de nouveaux produits,…) et de la société (association des consommateurs, journalistes,…).

En effet, cette connaissance permet de réagir rapidement à l'aide d'un tableau de bord comprenant des indicateurs pertinents qui prévoient à l'avance des plans de rechange et des moyens adéquats pour atteindre le résultat marketing escompté.

1.1.8. Evaluation des résultats

L'évaluation des résultats est une étape déterminante du marketing. Il n'est pas seulement aisé de contrôler les résultats et trouver les moyens pour réagir et corriger la situation mais, il faut au finish s'assurer de la productivité et de la profitabilité des actions marketing engagées.

Cette évaluation peut se faire sous forme d'audit marketing en faisant ressortir les points faibles et les points forts des actions marketing engagées et enfin leurs implications sur la vie commerciale, économique et financière de l'entreprise.

1.2. Finalité de la démarche marketing

Toute démarche marketing a pour finalité la mise en œuvre d'un plan marketing. Ce plan est l'aboutissement du processus de l'action marketing et doit être la concrétisation du projet d'actions à engager, qu'elles soient de nature stratégique ou opérationnelle.

Pour tout dire, la démarche marketing constitue une Feuille de route qui indique les étapes et les actions à réaliser pour la concrétisation du projet avec des objectifs précis, des moyens et des budgets acceptés par tous. C'est un guide déclinable selon les actions et dans le temps.

1.2.1. Buts et objectifs

Pour M. Capet, G. Causse et J. Meunier[55], les buts sont généralement latents ; ils ne dépendent pas de la volonté des dirigeants mais résultent de contraintes inhérentes à l'entreprise : rentabilité, croissance et survie, tandis que les objectifs sont des sous-ensembles des buts, fixés par l'équipe dirigeante.

Un objectif comprend quatre composantes :

- Un attribut, la dimension ;
- Une échelle de mesure ;
- Une norme ;
- Un horizon temporel.

Un plan marketing se fixe deux types d'objectifs, à savoir :

- Les objectifs financiers. Ils sont le plus souvent exprimés en termes de taux de rentabilité à moyen terme, capacité d'autofinancement ou bénéfices annuels ;
- Les objectifs marketing. Ceux –ci traduisent les objectifs financiers en termes de chiffre d'affaires, de

---

[55] CAPET, M., CAUSSE, G.et MEUNIER, J., *Diagnostic, organisation et planification d'entreprise*, Paris, Economica, 1983

volume de ventes ou de part de marché. L'objectif de part de marché peut lui-même être décliné respectivement en objectif de notoriété, de préférence, et image, ou de fidélité…

En somme, le plan marketing fixe des objectifs spécifiques et planifie les actions à entreprendre telles que :

- Lancer un tel nouveau produit ;
- Mener une telle campagne promotionnelle,…

Il prévoit aussi d'autres opérations.

Le plan va alors planifier :

- Des recherches systématiques d'informations (un plan d'études devra être élaboré) ;
- Des études de faisabilité technique, marketing, etc. ;
- Des formations pour les types de personnel (vendeur, etc.) ;
- Un recrutement des spécialistes manquants.

1.2.2. Moyens et budget

Au départ, les budgets sont élaborés lors de la génération et de la formulation des stratégies. Cette évaluation des budgets est faite de manière grossière pour donner un ordre d'idées en appliquant les méthodes approximatives.

Une fois la stratégie retenue, il sied de retravailler en détail le chiffrage, car une telle prévision sert de base à l'établissement des critères de mesure devant permettre l'évaluation de différentes opérations à engager.

Les ressources sont par définition limitées. Il importe donc de bien ficeler un plan pour éviter les dérapages, maintenir la cohérence des choix à effectuer et montrer notamment comment atteindre les objectifs.

1.2.3. Processus du plan marketing

Le plan marketing traduit la stratégie marketing que la firme a choisi en vue d'atteindre les objectifs fixés pour un couple produit-marché ou pour un DAS. Il doit répondre au constat du diagnostic interne et externe et assurer une cohérence des actions marketing.

Schéma 8 : Démarche du plan marketing

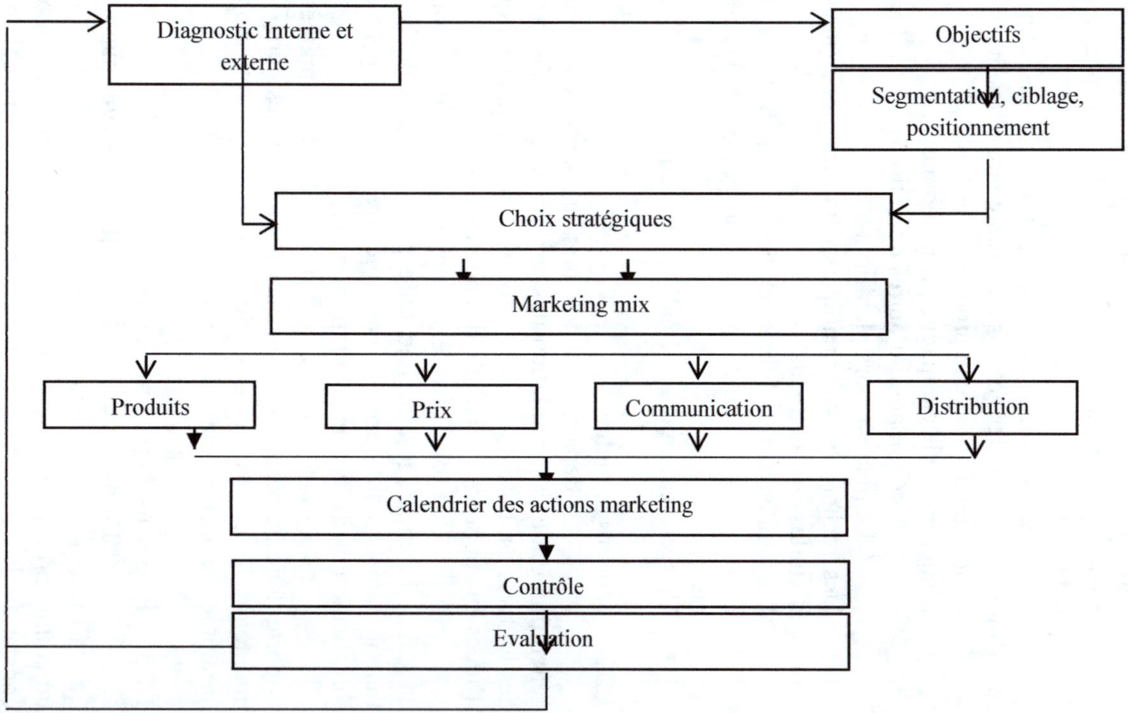

Ce cheminement suit la logique ci-après :

Schéma 9 : Cheminement du plan marketing

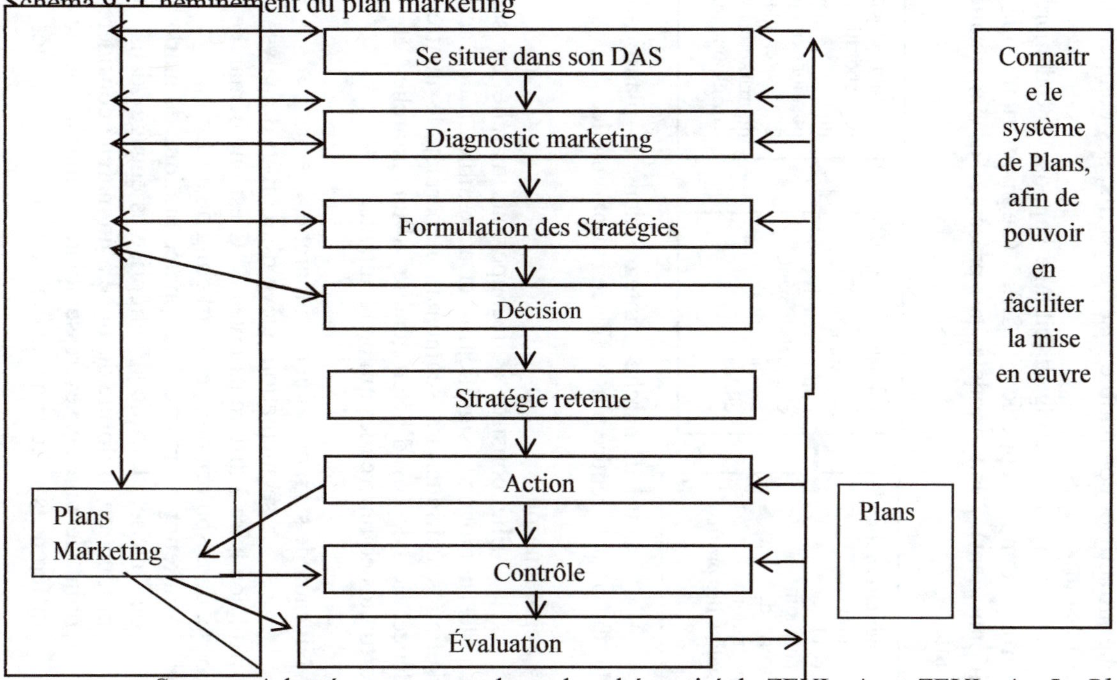

Source : Adapté par nous sur base du schéma tiré de ZEYL, A. et ZEYL, A., *La Planification marketing et commerciale*, Paris, Ellipses, 2007, p. 179.

1.3. Démarche de S.C.P.

Il est rare qu'une entreprise intervenant sur un marché puisse s'adresser à tous les acheteurs puisque trop nombreux, dispersés et hétérogènes dans leurs attentes et modes d'achat. Aussi, elle a souvent intérêt à rechercher un sous marché attractif et compatible à ses objectifs, ses compétences et ses ressources.

Le marketing de ciblage suppose une démarche en trois temps appelée S.C.P. (Segmentation-Ciblage-Positionnement). Son modèle se présente de la manière suivante :

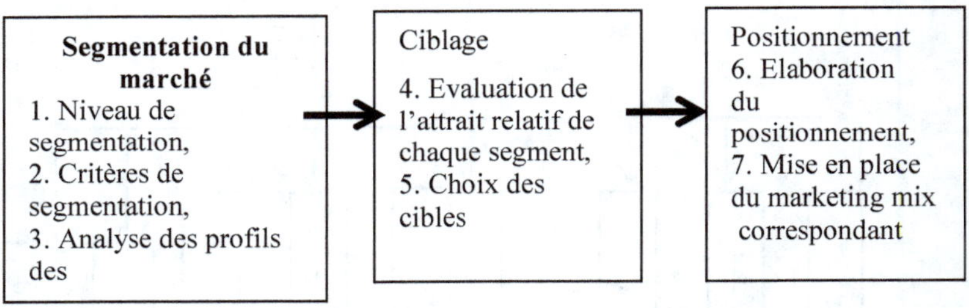

Cette démarche s'intègre dans la planification marketing pour la rendre plus efficace et optionnelle.

1.3.4 Segmentation

Elle consiste à découper un marché en sous-ensembles homogènes significatifs et accessibles à une action marketing spécifique. La segmentation permet de mettre en évidence le degré d'hétérogénéité d'un marché et les opportunités commerciales qui en résultent.

A. Niveaux de segmentation d'un marché

La segmentation relève d'un effort d'analyse que l'on peut conduire à différents niveaux. C'est une démarche qui s'oppose, dans son principe, au marketing de masse.

- Marketing de masse. Est appelée pratique de marketing de masse, lorsque l'entreprise s'engage dans une production uniforme destinée à un marché considéré du point de vue de ses ressemblances plutôt que de ses différences. Le marketing de masse permet un élargissement du marché grâce à un prix réduit résultant d'économies d'échelles obtenues en matière de production et de distribution.

- Marketing segmenté. Elle met l'accent sur les différences qui opposent certains groupes de consommateurs à d'autres. L'entreprise s'efforce de classer ses clients en unités d'analyse homogènes. Le marketing segmenté permet à l'entreprise d'affiner son offre en l'adaptant davantage à l'audience visée. Ce faisant, elle peut pratiquer des prix plus élevés, éviter une concurrence frontale et mieux préciser ses choix en matière de distribution et de communication.

Lorsque l'entreprise adopte un marketing segmenté, plusieurs niveaux de segmentation peuvent être identifiés :

Marketing personnalisé	Il s'agit d'un marketing individualisé, sur mesure. Les nouvelles technologies de l'information offrent aujourd'hui d'opportunités nouvelles pour la pratique d'une « personnalisation de masse », que l'on peut définir comme la volonté d'offrir, à l'échelon industriel des produits ou services adaptés à chaque client.
Marketing intra-individuel	Il consiste à s'adapter non plus seulement à chaque individu mais à chaque consommateur considéré dans une situation particulière d'achat ou de consommation. Le « marketing situationnel » représente une nouvelle tendance qui, petit à petit, gagne un nombre croissant de secteurs d'activité : l'équipement de la personne, les produits alimentaires, les services.
Auto-marketing	Il s'agit d'une forme de marketing dans lequel le client prend davantage d'initiative et de responsabilité dans ses décisions d'achat. Une telle tendance se manifeste déjà clairement chez les acheteurs industriels mais de plus en plus auprès du grand public. De transactionnel, le marketing devient relationnel.

B. Critères de segmentation des marchés de grande consommation

Les critères de segmentation peuvent être regroupés en deux catégories :

- Ceux qui décrivent les caractéristiques des consommateurs souvent indépendantes du produit concerné segmentation géographique, sociale, démographique, économique ou psychographique;
- Ceux qui expriment des comportements des consommateurs par rapport au produit ou au groupe de produits

Figure 19. Critères de segmentation des marchés

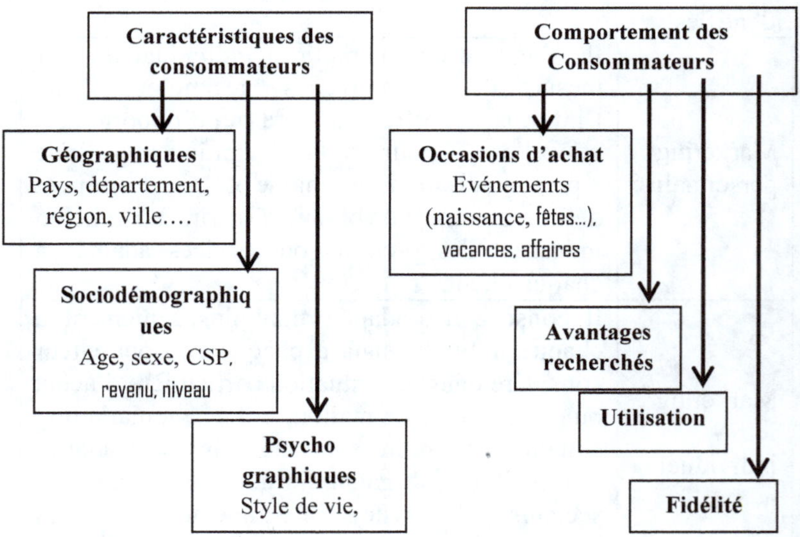

Source : KOTLER, P. et DUBOIS, B., *Marketing management,* 9è éd., Paris, Publi Union, 1997.

C. Conditions de réussite d'une segmentation efficace

Malgré l'existence de nombreuses manières de segmenter un marché, il va sans dire que tous les segments identifiés ne sont pourtant pas significatifs faute de remplir un certain nombre de critères. Sont à prendre en compte les critères suivants :

- La pertinence. Pour un produit donné, plus le critère est étroitement lié aux attitudes et comportements des consommateurs, plus il est pertinent.
- La mesurabilité. Elle renvoie à la disponibilité des informations ou à la possibilité de les obtenir sur les principales caractéristiques des acheteurs. Celles-ci doivent permettre de mesurer la taille du segment.
- L'accessibilité. Pour remplir ce critère, l'entreprise doit pouvoir effectivement diriger ses efforts commerciaux pour accéder aux segments choisis.
- La rentabilité. Ici, la taille du segment doit être suffisante pour rentabiliser les efforts marketing qui lui sont consacrés.

Dans un plan marketing, l'efficacité du choix de segment de marché ciblé, suppose une réflexion préalable et sur le niveau de segmentation que l'entreprise souhaite atteindre et sur les critères de segmentation qui remplissent les différentes conditions de réussite.

D. Les stratégies de segmentation d'un marché

Cinq choix stratégiques de couverture d'un marché peuvent être envisagés :

- La concentration. Elle consiste à se concentrer sur un « créneau » (niche) spécifique correspondant à un couple produit-marché. Ce choix se justifie quand l'entreprise dispose de ressources limitées. Un marketing concentré peut permettre à l'entreprise d'acquérir une forte position sur le segment choisi en raison d'une meilleure connaissance du marché et de sa spécialisation. En revanche, la concentration n'offre aucune solution de repli en cas de récession du marché ou de forte concurrence.

- La spécialisation par produit. Ici, l'entreprise porte son choix sur un seul type de produit mais diversifie une gamme ouverte à divers types de clientèles. L'entreprise devient ainsi un spécialiste du produit mais accroit sa vulnérabilité quant aux risques d'obsolescence de ce produit.
- La spécialisation par marché. L'entreprise en se spécialisant sur un marché devient un spécialiste sectoriel d'un type de clientèle mais en lui proposant une grande variété de produits différents. Sa vulnérabilité est liée à la santé économique du segment de clientèle choisi.
- La spécialisation sélective. Certains produits sont choisis pour certains marchés en fonction d'opportunités. Cette stratégie réduit les risques inhérents au produit ou au marché mais pose le problème de compétences (métier) de l'entreprise.
- La couverture globale. L'entreprise aborde, ici, l'ensemble du marché. Cette stratégie n'est envisageable que pour les entreprises qui disposent de ressources importantes. Deux stratégies sont envisageables :
    - Le marketing indifférencié. C'est le choix stratégique d'une entreprise qui conçoit un plan marketing global susceptible d'attirer le plus d'acheteurs possible afin de bénéficier d'économies d'échelles et de synergie.
    - Le marketing différencié. Il est ainsi désigné lorsque l'entreprise conçoit un plan marketing pour chacun des segments du marché. Cette stratégie augmente les coûts mais permet de proposer une offre spécifique à chaque segment de clientèle.

Le choix stratégique du ou des segments de marché ciblés doit être cohérent avec le diagnostic externe (opportunités ou menaces) et le diagnostic interne (forces et faiblesses). C'est ce choix qui engage en grande partie, les ressources actuelles et à venir de la firme.

1.3.2. Ciblage

Cette démarche consiste à évaluer l'attrait relatif à chaque segment en vue de choisir celui (ou ceux) sur lequel elle consentira ses efforts (cible) en cohérence avec ses objectifs, ses compétences et ses ressources.

L'attrait d'un segment dépend de sa taille, de son taux de croissance, de sa rentabilité, des économies d'échelles et de synergies réalisables et du niveau des risques encourus

1.3.3. Positionnement

Positionner un produit consiste à le concevoir et le promouvoir de façon à ce qu'il acquière une valeur distinctive face à la concurrence auprès de la clientèle ciblée. Le positionnement s'appuie le plus souvent sur un produit ou une marque, mais aussi, sur un service, un organisme ou même une personne. Le positionnement ne s'attache pas à ce que l'on fait avec le produit, mais plutôt, à ce que le produit (ou la marque) représente pour le client.

Positionner un produit, c'est :

- Donner au produit une position spécifique dans l'esprit des consommateurs ;
- Différencier clairement le produit des produits concurrents.

A. Eléments de différenciation des produits

Produit	Services	Personnel	Point de vente	Image
Fonctionnalité Performance Conformité Durabilité Fiabilité Réparabilité Style Design	Délais Installation Formation Conseils Réparation Autres services	Compétences Courtoisie Crédibilité Fiabilité Serviabilité communication	Couverture Expertise Performance	Symboles Médias Atmosphères Evénements

Toutes les différences ne sont pas significatives ni mêmes souhaitables. Une différenciation doit augmenter la « valeur délivrée » au client. En effet, les besoins des clients constituent la base de la différenciation. Elle permet à l'entreprise de pratiquer un prix supérieur au coût supplémentaire qu'elle encourt.

Pour se positionner de façon claire et crédible, de nombreux spécialistes recommandent de mieux promouvoir un petit nombre d'avantages appuyés sur l'analyse des besoins et des habitudes de consommation des clients.

B. Critères d'un positionnement de qualité

Pour apprécier la qualité d'un positionnement, M. Porter propose 7 critères suivants :

- Importance : apporter un produit tangible et significatif pour le client ;
- Caractère distinctif : pour se démarquer clairement de la concurrence ;
- Supériorité : offrir une solution supérieure à celle des concurrents ;
- Communicabilité : pouvoir le faire connaitre ;
- Préemption : protection contre les copies et contrefaçons
- Accessibilité : justifier le prix tout en restant raisonnable
- Rentabilité : rentabiliser les coûts supplémentaires

C. Erreurs de positionnement à éviter

Les erreurs classiques en matière de positionnement sont les suivantes :

- Le sous-positionnement : les consommateurs ne perçoivent pas le positionnement communiqué par la firme ;
- Le positionnement peu crédible ;
- Le positionnement étroit : les consommateurs ont une perception réduite de la spécialité de l'entreprise et de sa gamme de produits ;
- Le positionnement confus qui résulte d'un marketing mix incohérent.

D. Stratégies de positionnement

Le choix d'un positionnement dépend fort de la place occupée par les concurrents sur le marché.

Les professionnels élaborent des cartes perceptuelles (ou cartes de positionnement) qui permettent de visualiser la place de chaque marque concurrente et les créneaux éventuellement disponibles (opportunité de marché).

Trois choix stratégiques de positionnement par rapport aux concurrents peuvent être envisagés :

- L'imitation. La marque occupe la même place que le produit concurrent. Cette stratégie peut être recommandée lorsque les produits leaders n'occupent pas une place importante. Les coûts de différenciation et donc de recherche sont réduits mais les efforts marketing doivent être importants et réguliers.
- La différenciation. La marque personnalise le produit grâce à une caractéristique spécifique. La différenciation doit être cohérente avec l'image de marque et difficile à imiter par les concurrents. D'importants efforts sont indispensables pour communiquer la différenciation et la faire percevoir par les consommateurs.
- L'innovation. La marque lancée sur le marché est un produit nouveau ou un nouveau produit qui se substitue à un produit existant. Cette stratégie assure une avance à l'entreprise pionnière par rapport à ses concurrents et lui ouvre les portes d'un marché quasi monopolistique pendant un certain temps. Ce temps d'avance est d'autant plus long que les barrières à l'entrée sont importantes (rupture technologique, investissements en recherche importants…). L'innovation est la stratégie de positionnement la plus coûteuse et la plus risquée.

  La bonne communication du positionnement joue un rôle fondamental dans la perception du produit et/ou de la marque par le consommateur et sa différenciation par rapport au produit et/ou à la marque concurrente.

Section 2. Formalisation de procédure de l'action marketing

Le marketing vu sous forme de système est une réponse pour faciliter et promouvoir les relations entre l'entreprise et son marché. Il constitue un processus à travers lequel on peut apprécier les différentes actions marketing pratiquées sur le terrain pour décider, au bout de compte, sur les nouvelles actions à appliquer, eu égard à la mobilité du marché.

2.1. Collecte des données

Ce processus comporte cinq phases :

Schéma 10 : Processus d'action marketing

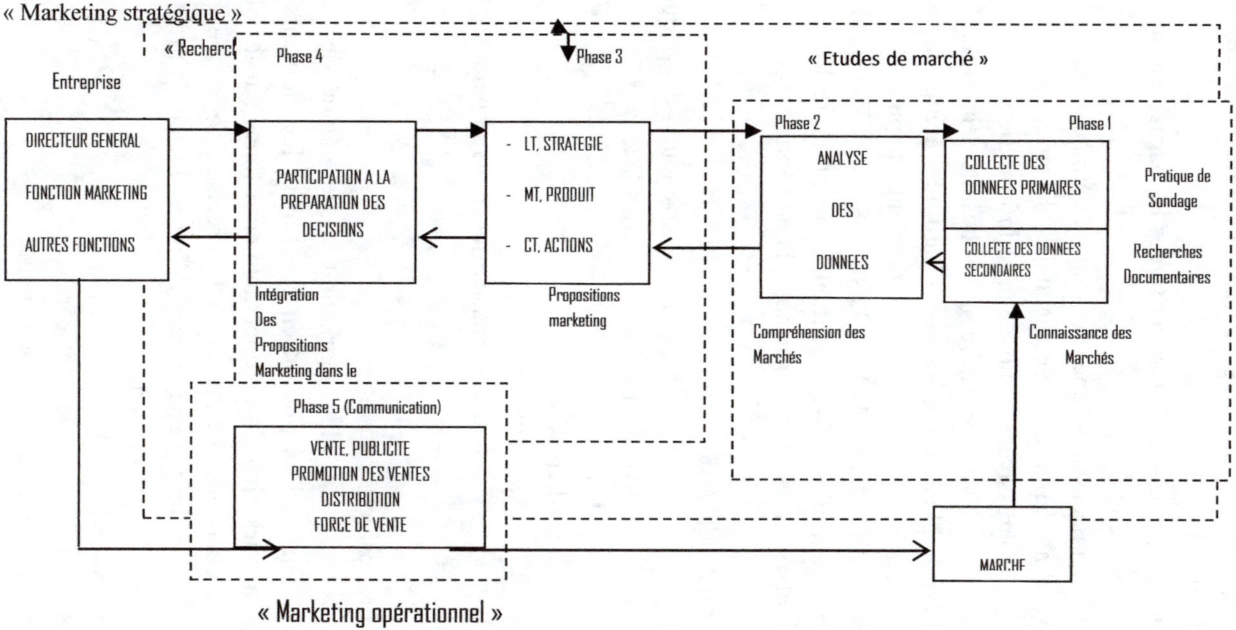

L'entreprise a énormément besoin d'informations (primaires ou secondaires), parce qu'elle reste successivement confrontée à :

- La nécessité d'observer toutes les parties essentielles du marché ;
- La nécessité d'une observation permanente ;
- La rapidité avec laquelle l'entreprise se trouve progressivement noyée par l'information.

Pour répondre à ce besoin d'informations, un outil est de plus en plus souvent relatif au marché ; force lui est de recourir à un outil performant appelé SYSTEME D'INFORMATION MARKETING « S.I.M ». Cet outil a pour tâche essentielles : classer, actualiser et produire l'information selon des normes prédéterminées à la demande.

2.2. Analyse des données

C'est la phase où de nos jours s'appliquent les analyses variées de l'information à partir de :

- La statistique ;
- La mathématique ;
- L'informatique.

Ce sont ces phases que nous appelons « Etudes de marché ».

2.3. Propositions marketing

Le plan marketing et le cahier des charges commerciales d'un produit en constituent les meilleurs outils. Le plan marketing est un document écrit fondé sur les objectifs commerciaux de l'entreprise. Il précise, pour une période donnée, la politique commerciale d'ensemble de l'entreprise.

Il comprend :

- Le résumé du plan ;
- La situation de l'entreprise ;
- L'étude de l'environnement ;

- Les objectifs ;
- La stratégie sélectionnée et les plans de repli ;
- Les tactiques ;
- L'évaluation du plan marketing.

2.4. Intégration des propositions marketing dans le plan d'ensemble

Le meilleur outil d'intégration est le comité marketing à mettre en place. Il comprend les responsables de toutes les fonctions de l'entreprise pour examiner les conséquences des propositions marketing. Le comité crée la synergie entre les différents domaines opérationnels qui ont des liens avec le marché.

Dans sa structure sont représentés :

- Le Directeur général ;
- Les Responsables de la direction marketing ;
- Un Responsable pour chacune des structures telles que : finance, production, approvisionnement, personnel.

2.5. Commercialisation

La commercialisation représente l'exécution même du plan marketing élaboré.

Elle comporte :

- Le service avant-vente ;
- La vente proprement dite ;
- L'usage de la dynamique commerciale ;
- Le service après-vente.

Conclusion

L'évaluation d'une action marketing est nécessaire pour toute démarche marketing. Elle est un soubassement marketing dont la finalité est la mise sur pied d'un plan marketing. Cet important guide de gestion marketing permet d'atteindre le résultat marketing plus efficace et cohérent.

L'évaluation montre par ailleurs le cheminement qu'un marketeur peut utiliser pour réfléchir et gérer le marketing de l'entreprise.

Troisième partie
La pratique marketing

Pour mieux gérer un marché et avoir un avantage différentiel par rapport à la concurrence, toute entreprise doit se doter des stratégies marketing propres au marketing tactique ou opérationnel. Le marketing opérationnel développe une dimension action de la démarche marketing. Celle-ci est une succession d'étapes visant à comprendre le fonctionnement du marché de manière à conquérir et/ou conserver. C'est-à-dire, : Analyser – Réfléchir (décider) – exécuter – contrôler – évaluer.

La pratique du marketing (action ou mise en œuvre ou exécution) ne signifie pas nécessairement faire de la publicité. Cette activité du marketing s'appuie sur les ventes, la publicité, la communication, les réseaux de distribution, la gamme de produits et constitue la partie la plus visible du marketing ».[56].

Pour tout dire, le marketing opérationnel comprend l'ensemble des techniques et méthodes confiées à un département spécialisé de l'entreprise avec pour mission la conquête des marchés. Pour l'essentiel, cette troisième partie présente tour à tour :

- Le contenu de la dimension des actions marketing ;
- Le marketing du produit ;
- Le marketing du prix ;
- Le marketing de la place ;
- Le marketing de la promotion.

---

[56] VANDERCAMMEN, M., *Op. Cit.*, p. 21

Huitième chapitre
Le contenu de la dimension des actions marketing

✓ *Objectif du chapitre*

Ce chapitre présente l'ossature de toutes les actions marketing menées sur le terrain. Il permet aux apprenants et chercheurs en marketing d'avoir une logique descriptive de toutes ces actions.

✓ *Contenu du chapitre*

Ce chapitre, développe respectivement :

- Le Marketing-mix, une dimension action marketing ;
- L'Evolution du marketing-mix.

Les actions marketing comprennent l'ensemble des techniques et méthodes confiées à un département spécialisé de l'entreprise et correspondent aux dosages et mélanges de différents ingrédients interdépendants dont la cohérence des actions est le maître mot pour aboutir à un produit parfaitement équilibré, convenable à la cible et répondant à la réussite de la politique marketing.

La conjonction de différents variables conduit à l'élaboration d'un plan d'actions commerciales ou plan marketing formant un tout homogène désigné par le mix-marketing du vocable anglo-saxon.

Section 1. Marketing-mix, une dimension d'actions marketing

1.1. Définition

Le marketing-mix est l'ensemble des décisions de base prises par le responsable marketing concernant les principales variables d'actions dont il dispose. Il s'agit de l'ensemble de variables dont l'entreprise dispose pour influencer le marché-cible. Ces variables constituent les ingrédients de base de l'action marketing pour lutter sur un marché. Elles sont désignées selon la classification de Mc CARTHY par les 4 P qui symbolisent en anglais :

- Product : politique de produit ;
- Price : politique de prix ;
- Promotion : politique de communication (publicité, promotion des ventes et relations publiques) ;
- Place : politique de distribution.

Le dosage de différentes actions peut être comparé à une trousse à outil à la disposition des gestionnaires. Chaque P est, en réalité, un ensemble d'instruments que l'on utilise à condition d'avoir une bonne connaissance des publics et des marchés.

1.2. Décomposition du marketing-mix

P. KOTLER et B. DUBOIS proposent une répartition des principales variables d'action marketing en fonction des « 4 P » de la manière suivante :

Tableau n° 9 : Les 4 P du marketing

Produit (Product)	Distribution (Place)	Communication (Promotion)	Prix (Price)
Qualités	Canaux de distribution	Publicité	Niveau de prix
Caractéristiques et performances	Zones de chalandise	Force de vente	Remise
Style et marque	Points de vente	Promotion des ventes	Rabais
Conditionnement	Secteurs de vente	Relation publiques	Conditions de crédit
Gamme	Stocks et entrepôts	Portes ouvertes	Acheter
Garantie	Logistique	Documentation	Life time value
Service après-vente	Service de livraison	Publicité gratuite	-
Autres services	-		-

Source : KOTLER, P. et DUBOIS, B., *Marketing management*, 10è éd., Paris, Publi-Union, 2000, p. 80.

D'autres auteurs ont indiqué la répartition suivante :

Produit	Prix	Promotion	Place
Qualité intrinsèque	Tarif de base	Publicité	Canaux de distribution
Gamme des produits	Remise	Force de vente	Logistique
Options, taille, couleur	Conditions de paiement	Promotion de ventes	Merchandising
Garantie	-	Relations publiques	-
Service après ventes	-	Sponsoring et mécénat	-
-	-	Marketing direct	-

1.3. Objectif du marketing-mix

Le marketing tactique appliqué par les « 4 P » a comme objectif :

- d'organiser la conquête des marchés existants ;
- de mettre en œuvre le marketing-mix (produit, prix, point de vente, promotion) ;
- de gérer le budget du marketing ;
- de gérer les parts de marché.

1.4. Relation entre client, distributeur et producteur en rapport avec le marketing-mix

Les 4 P correspondent à la vision traditionnelle de l'entreprise face à son marché. Le consommateur, s'il subit les efforts de pression marketing développés par l'entreprise et distributeur, ne réagit que suivant deux axes : le prix à payer pour une perception globale du produit (service qu'il acquiert). Il appartient donc à l'entreprise d'intégrer la perception du consommateur pour lui valoir la confiance et la fidélité de la clientèle.

Cette réflexion conduit les spécialistes du marketing à considérer le « client » comme le point focal de manière à mieux le satisfaire. Ainsi, pour l'heure, il est courant de parler des 5 C qui intègrent et remplacent les 4 P traditionnels en mettant l'accent sur une approche plus empathique du marketing-mix face aux 2 P qui animent le client :

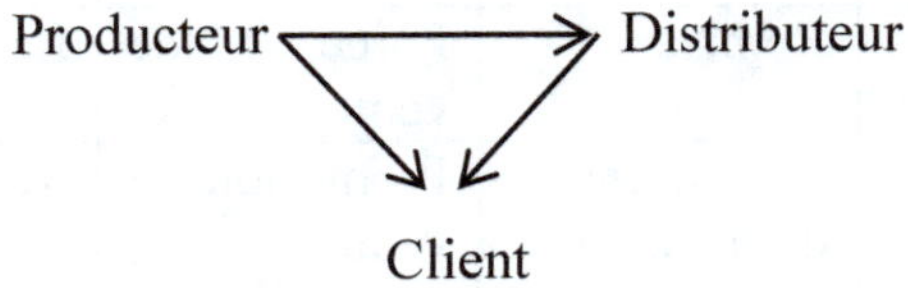

Tableau n° 10 : 2 P du client face aux 5 C du producteur/ distributeur

Client	Producteur	Distributeur
2 P	4 P	5 C
Prix Perception	Prix Produit Place (Distribution) Promotion	Coût Caractéristiques Commodité Communication Confiance du client

Source : VANDERCAMMEN, M., *Marketing : l'essentiel pour comprendre, décider, agir*, 2è éd., Bruxelles, de Boeck, 2006, p. 212.

Section 2. Evolution du marketing-mix

Le « marketing-mix correspond à l'ensemble des outils à la disposition de l'entreprise pour atteindre ses objectifs auprès du marché visé ».[57]. Ces outils comprenant initialement 4 P ont évolué avec le temps.

2.1. Évolution des 4 P

Les 4 P ont évolué ainsi : 4 P traditionnels, 2 P médiants, 2 P modernes et 2 P postmodernes.

A. 4 P Traditionnels

Les 4 P composantes traditionnelles du marketing-mix, Mc Carthy a regroupé ces variables en quatre catégories suivantes : Product, price, place et promotion.

[57] KOTLER, P., KELLER, K., MANCEAU, D., *Marketing management,* 15è éd., Paris, Nouveaux Horizons, 2015, p. 32

Figure 20 : Quatre composantes traditionnelles du marketing-mix

Source : KOTLER, KELLER et MANCEAU, *Marketing management*, 15è éd., Paris, Nouveaux Horizons, 2015, p. 32.

B. 2 P medians

Cette variable qualifiée de « People » ou « personnes » connait les interprétations suivantes :

- C'est l'importance des employés (Personnel) pour le succès du marketing ; la nécessité de diffuser le marketing en interne et d'adopter une orientation marché dans toute l'organisation ;

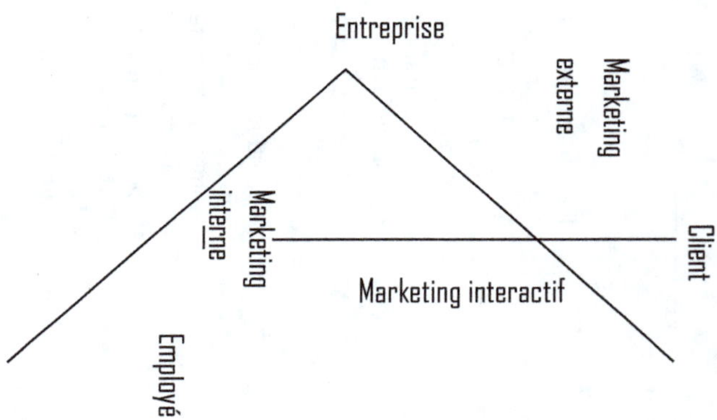

- C'est le fait que les marketeurs doivent voir les consommateurs comme des individus citoyens et comprendre leurs préoccupations et leurs modes de vie au-delà de leurs actes d'achat et de consommation ;
- Les employés sont les premiers consommateurs et par conséquent, les consommateurs en puissance, car le premier client se trouve dans l'entreprise.

C. 2 P modernes

Il s'agit de :

- Physical evidence. Ce P traduit les signes (logo, marque) qui constituent la traduction visible des éléments intangibles de différenciation de l'entreprise en matière de Public-Relation (PR) ;
- Process ou processus. Ce P montre l'importance de mobiliser, de la créativité, de la structure dans la prise

de décision marketing et les innovations de procédés telles que l'introduction des normes de gestion, de qualité qui peuvent apparaitre comme un avantage concurrentiel.

Il convient aussi de mettre en place des processus organisationnels devant définir, de manière adéquate, les activités et les programmes en vue de prendre des décisions pertinentes.

D. 2 P postmodernes

Ces outils portent :

- Programmes d'action. Ce sont des actions marketing actuelle qui intègrent toutes les activités de l'entreprise à des destinations de ses clients. Elles doivent être pensées de manière intégrée et complémentaire afin d'atteindre les multiples objectifs de l'entreprise.
- Performance. Ce P est nécessaire parce que les décisions marketing doivent être optimisées en terme d'impact et permettre de mesurer les effets financiers et non financiers pour la marque en faveur de l'entreprise dans son ensemble et de ses différentes parties prenantes en intégrant la dimension sociale et environnementale.

2.2. Fonctionnement des 10 P du marketing-mix

Ces 10 P fonctionnent de manière symétrique en se basant sur les différentes évolutions qui les caractérisent comme l'indique le schéma ci-dessous.

Schéma 11 : Marketing-mix évolué

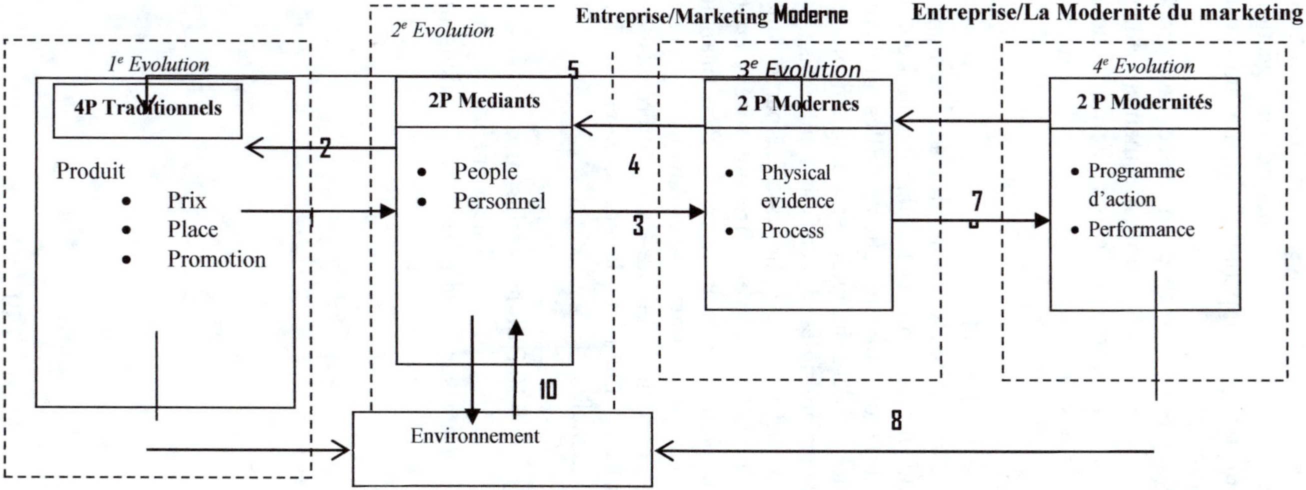

Tous ces « P » ont évolué en fonction de l'expression de la « personne » comme individu-citoyen » et du personnel comme employé-client. Toutes ces dimensions montrent que l'homme est considéré comme le foyer du marketing du fait qu'il est pris comme marché. C'est pourquoi, le marketing-mix évolué tient à la fois compte des intérêts de l'homme et de l'entreprise.

En effet :

- Les intérêts de la personne débouchent à l'environnement qu'il faut nécessairement conserver : d'où la nécessité du marketing holiste ;
- Les intérêts de l'entreprise qu'il sied de percevoir en termes d'impact financier en relation avec sa survie.

Conclusion

La pratique du marketing renvoie à la compréhension des variables d'action de la démarche marketing. Ces variables sont classées à trois niveaux :

- Les variables primaires que sont les 4 P traditionnels ;
- Les variables secondaires comprennent le people et le personnel placés au centre de toutes les actions de marketing de l'entreprise ;
- Les variables tertiaires qui sont les P modernes et postmodernes. Ces 4 P agissent en fonction des premiers P et deuxièmes P.

Neuvième chapitre
Le marketing du produit

✓ *Objectif du chapitre.*

Ce chapitre permet de mieux comprendre les variables marketing du produit. Elle est fondamentale du fait que le produit exerce un impact direct sur le people. L'élucidation des variables précitées aide à développer les formes de marketing nécessaires devant influencer les clients – consommateurs ou les client-acheteurs ou encore les clients – employés.

✓ Contenu du chapitre

Ce chapitre contient deux sections suivantes :

- Comprendre le produit ;
- Le management des produits.

Section 1. Comprendre le produit

1.1. Définition

Le produit se définit comme tout ce qui peut être vendu sur un marché de façon à y satisfaire un besoin. Il renferme une certaine valeur d'usage auprès de la personne intéressée dont l'accessibilité nécessite un coût.

Un produit peut être considéré comme l'ensemble de matières, de services, des données symboliques permettant d'apporter des satisfactions ou des avantages à l'acheteur ou à l'utilisateur ou encore comme « entité » pouvant donner une réponse à un besoin, générer une satisfaction, fournir une solution à la recherche du bien-être ou du mieux-être du consommateur.

Ici, la notion de produit fait spontanément penser à des choses tangibles comme la télévision, la table, un stylo, etc. S'y ajoutent aussi le service comme la consultation d'un médecin, la coupe de cheveux, la réparation, etc., et les idées (le plan d'un architecte, le discours d'un acteur politique, etc.) qui sont également susceptibles de satisfaire un besoin. Ils nécessitent, pensons-nous, un coût d'acquisition et renvoient actuellement à la notion de 4 P + S, le service étant perçu comme une activité offrant une satisfaction, un avantage, voire un objet de transaction.

En somme, un produit au sens large, est tout ce qui peut être offert sur le marché de façon à être acquis, consommé ou remarqué. Une telle perception englobe tant les objets physiques, les services, les personnes, les lieux, que les idées et les organisations.

1.2. Composantes du produit

La compréhension du produit peut être possible aussi à travers ses composantes ; car la façon dont un produit est perçu par l'acheteur diffère de celui du vendeur.

On remarquera que l'idée du produit qui semble intuitive au départ recouvre, en fait, trois composantes : utilitaire, communicationnelle et imaginaire.

1.2.1. Composante utilitaire

Elle est la première de par son importance et son caractère économique fondamental. Elle regroupe tout ce que l'objet permet de réaliser sans l'intervention de la société ou de l'imaginaire du consommateur.

1.2.2. Composante communicationnelle

Elle se diffère suivant les différents rôles que joue un consommateur dans sa famille, au travail ou dans la foule anonyme. Chaque regroupement est classé en fonction des produits et services qu'ils utilisent. C'est là où le produit constitue un système de communication particulièrement important. C'est donc dire que le produit lui-même, quel que soit le regroupement des utilisateurs, constitue un vase communiquant.

1.2.3. Composante imaginaire

Cette composante établit entre l'homme et son environnement des relations qui ne respectent généralement ni la logique, ni l'ordre du conscient.

Elle fait appel à la psychologie des individus et exploite le « fétichisme » des objets qui deviennent les signifiants de propriétés absolues et le support de leur imaginaire.

A ce moment, les produits deviennent des supports de communications profondes et surtout cachées entre les êtres.

1.3. Typologie et classification des produits

1.3.1. Typologie des produits

On a coutume de distinguer cinq groupes des produits présentés ci-dessous :

a. Produits de consommation et produits industriels :

- Les produits de consommation. Ce type de produit est destiné à être utilisé directement par le consommateur final. Ils sont souvent utilisés à l'usage domestique et ne font plus appel à une quelconque transformation éventuelle étant donné leur utilisation au dernier essor.
- Les produits industriels. De tels produits sont destinés à être vendus dans le but de produire d'autres biens ou de procurer un service.

  Ils font dans une certaine mesure l'objet d'une consommation intermédiaire, d'un processus d'usinage, de transformation pour enfin donner un produit fini.

  Les produits industriels sont à la fois destinés aux consommateurs et à l'industrie. Quand ils sont destinés aux consommateurs, la décision d'achat peut émaner de la seule volonté individuelle du fait du désir ressenti par celui-ci. En cas de leur utilisation à l'industrie, la décision d'achat doit être collégiale (prise en groupe) pour faire montre des éléments plus objectifs et plus technique tels que les coûts d'entretien, de consommation, etc.

  Le critère de classification, ci-haut, énuméré peut aussi conduire à un autre, suivant la durée de vie des produits.

b. Produits durables, non durables et services :

- Les produits durables. Ces produits sont destinés à servir longtemps. Ils sont tangibles et résistent à des nombreuses utilisations.
- Les produits non durables. Ce sont des produits qui s'usent rapidement après une ou plusieurs utilisations.
- Les services. Il s'agit ici des activités qui apportent des avantages, des satisfactions au consommateur. Ils accusent un caractère intangible, inséparable et périssable parce que directement consommés au moment où ils sont vendus.

c. Produits de commodité, de comparaison et de conviction :

- Les produits de commodité. Autrement appelés « marchandises courantes », ils sont achetés régulièrement et souvent sans réflexion tant par habitude que par impulsion. L'essence et les boissons gazeuses font partie de cette catégorie des produits.
- Les produits de comparaison. Ce sont les marchandises commerciales, auxquelles le consommateur fait habituellement un plus grand effort de recherche d'information, afin de prendre une meilleure décision d'achat en fonction de critères tels que la qualité, le prix, l'utilité, l'aspect, etc. S'y trouvent mentionnés les chaussures et les meubles.
- Les produits de conviction. Désignés autrement « marchandises spécifiques », l'acheteur y consacre un effort tout particulier dans le choix d'acquisition. Les véhicules et les jeux vidéo y font partie.

d. Les produits jaunes, orange et rouges :

Ici, le principe de base de classement est commandé par cinq critères d'évaluation, étant donné que ces caractères principaux prennent en compte plusieurs caractéristiques de commercialisation des produits.

Ces critères sont les suivants :

- Le rythme de remplacement ou la fréquence avec laquelle le consommateur achète et consomme le produit ;
- La marge brute ou la différence entre le prix de vente et le prix de revient du produit ;
- L'ajustement ou les services vendus avec le produit ;
- La durée de consommation ou la période pendant laquelle le produit remplit les fonctions ;
- Le temps de recherche ou le temps moyen que le consommateur met en vue de s'en procurer.

En effet :

- Les produits jaunes ont un rythme d'achat faible alors qu'ils ont une valeur élevée pour les quatre autres critères ci-haut énumérés ;
- Les produits oranges représentent une valeur moyenne pour les cinq critères ci-haut énumérés. On y compte les petits électroménagers ;
- Les produits rouges connaissent un rythme de remplacement élevé et ont une valeur faible pour les quatre autres critères. Il est à noter que le choix de couleur découle d'une décision purement arbitraire. Si ce type de classification donne lieu à quelques erreurs, il permet quand même à mieux définir le choix à opérer au niveau du marketing-mix.

e. Les produits de grande consommation :

Cette catégorie porte sur les habitudes d'achats du consommateur. On y distingue notamment :

- Les produits d'achat courant (routinier) représentés par les biens de consommation dont on a l'habitude d'acheter fréquemment avec un minimum d'efforts de comparaison. Les cigarettes et les journaux comptent parmi ces produits ;

- Les produits d'achat réfléchi. Pour les acquérir, le client se base généralement sur certains critères tels que l'aspect, la praticité, le prix, la quantité et le style. Les vêtements, les meubles, etc. entrent en ligne de compte de ces produits ;
- Les produits de spécialité. Il s'agit ici des biens de consommation qui possèdent des caractéristiques uniques et/ou des images de marque bien définies de sorte que de nombreux acheteurs sont disposés à fournir un effort d'achat tout particulier. (Ex. les bijoux de luxe, parfum, etc.) ;
- Les produits non recherchés. Ce sont des produits que le consommateur ne connaît pas ou auxquels il ne pense pas naturellement. Il s'agit des innovations qui n'ont pas encore atteint une certaine notoriété suffisante ou bien des produits bien spécifiques tels que les encyclopédies.

Hormis cette classification, il s'avère que le comportement du consommateur est, notamment, conditionné par la conscience qu'il a d'être compétent ou non pour effectuer un choix entre différents produits. Toutefois, la décision d'achat du client relève de la prise en compte de certaines variables ainsi que de ses finalités psychologiques.

1.3.2. Classification des produits

Une méthode de classification se fonde essentiellement sur le comportement. Il s'agit donc de prendre en compte la manière dont les produits sont achetés par le consommateur et l'effort consenti pour s'en procurer.

Il y a plusieurs produits sur le marché avec des caractéristiques propres. Ces caractéristiques permettent de regrouper les produits en un certain nombre de classe, les plus significatives. Cette classification permet d'aider le spécialiste en marketing à déterminer de façon plus précise la politique à suivre.

Quatre classifications des produits sont retenues :

- Selon la nature du produit ;
- Selon la durée de vie ;
- Selon les habitudes d'achat ;
- En fonction du marché.

a. Classification selon la nature du produit

Cette classification distingue les produits et les services.

- Produits : ces biens tangibles peuvent se présenter, se répartir selon différents critères :
  - Les biens libres, souvent surabondants, et les biens économiques qui, selon leur rareté par rapport aux besoins exprimés, représentent une valeur non négligeable ;
  - Les biens divisibles qui, divisés, ne perdent pas leur utilité (ex. les fruits) et les biens indivisibles (ex. les vêtements) ;
  - Les biens complémentaires qui, pour répondre aux besoins du consommateur, doivent être présentés simultanément. (ex. appareil photographique, le film et les piles) ;
  - Les biens substituables qui servent à satisfaire un besoin identique (ex. la beurre et la margarine).
- Les services : il s'agit de prestations ou d'activités non tangibles, qui font l'objet de l'échange, sans qu'il y ait transfert de propriété. Les services offrent des caractéristiques suivant :
  - Intangibles ;
  - Indivisibles ;

- Variables ;
- Périssables.

b. Classification selon la durée de vie

Cette classification se base à la fois sur le rythme de consommation et sur la matérialité des produits :

- Les biens durables. Il s'agit, ici, de biens dont l'utilisation prolongée est possible. Ex. meubles
- Les biens consommables. Ces biens tangibles peuvent être consommés à plusieurs reprises. Ex produits de nettoyage
- Les biens passagers. Ce sont des biens à utilisation unique. Ex. Film photographique ou les produits alimentaires
- Les biens périssables ; Ils concernent des biens qui doivent être consommés impérativement dans un temps limité après leur production. Ex les produits frais, les fruits et légumes.

c. Classification selon les habitudes d'achat

Les différences de comportement amènent à créer une autre classification portant respectivement sur :

- Les produits d'achat courant ou de commodité ou marchandises courantes. Il s'agit des produits achetés régulièrement sans réflexion, assez rapidement tant par habitude que par impulsion.
  Ex : l'essence, les boissons gazeuses.
- Les produits d'achat réfléchi ou de comparaison ou marchandises commerciales : notamment des produits où le consommateur fait habituellement un plus grand effort de recherche d'information afin de prendre une meilleure décision d'achat en fonction de critères tels que : qualité, prix, utilité, aspect.
  Ex : Chaussures, meubles.

- Les produits de spécialité ou de conviction ou marchandises spécifiques. Ils concernent les produits pour lesquels l'acheteur est vraiment prêt à faire un effort particulier. Ex : les livres, les parfums, les vidéos.
- Les produits non recherchés. Ce sont les produits que le consommateur ne connait pas encore ou bien auxquels il ne pense pas spontanément.

d. Classification en fonction du marché

Cette classification distingue les produits de consommation des produits industriels :

- Les produits de consommation : destinés à être utilisés directement par le consommateur final.
- Les produits industriels. Y entrent en ligne de compte les produits destinés à être vendus dans le but de produire d'autres biens ou de procurer des services.

  Ces produits peuvent être :

  – Les matières premières qui entrent en totalité dans le produit fini ;
  – Les biens d'équipement qui permettent et conditionnent la fabrication des produits finis. Ils comprennent les équipements de base (ex. bâtiments, machines) et les équipements accessoires (ex. matériel léger) ;
  – Les fournitures et les services qui n'entrent pas comme tels dans la composition d'un produit fini mais qui sont indispensables au bon fonctionnement du processus de fabrication. Ex. : Fournitures d'exploitation et d'entretien (papier, crayon, peinture) ; Les services (réparation, entretien, conseil).

1.4. Mix-produit

Les décisions du choix sur le produit en tant que telles sont fondées sur les variables suivantes qui constituent ses mix :

- La qualité intrinsèque. Elle représente son niveau effectif de qualité technique, mesurable à l'aide d'une échelle physique admise par tous. Elle est fonction du savoir-faire technologique de l'entreprise et du choix stratégique retenu ;
- La gamme de produit. C'est un ensemble des produits liés entre eux du fait qu'ils fonctionnent de la même manière, et s'adressent aux mêmes clients, voire vendus dans les mêmes types des points de vente ou zones de prix. L'ensemble de gammes et articles proposés par une entreprise forme un mix ou un assortiment des produits. Un mix ou assortiment peut se différencier des autres par rapport à sa largeur, sa profondeur et sa cohérence :
  - La largeur d'un mix se réfère au nombre de gammes mises en vente par l'entreprise ;
  - La profondeur se réfère au nombre moyen d'articles offerts dans chaque gamme ;
  - La cohérence du mix a trait à l'homogénéité des différentes gammes quant à leur utilisation finale, les impératifs de production ou leurs circuits de distribution.

Du point de vue de l'étendue, une gamme peut être large (longue) ou courte. Cependant, la décision d'étendre une gamme dépend des objectifs que l'entreprise se propose d'atteindre étant donné les avantages et/ou les inconvénients qui pourront en résulter.

Une gamme trop courte constitue un manque à gagner pour l'entreprise et une gamme trop longue grève, d'abord, le coût et peut, par la suite, permettre à l'entreprise de gagner la part du marché.

Il existe deux façons pour faire progresser une gamme : la première consiste à l'étendre et la seconde à la consolider.

De ce qui précède, trois stratégies d'extension s'avèrent possibles pour l'entreprise :

- L'extension vers le haut ;
- L'extension vers le bas ;
- L'extension vers les deux sens.

La consolidation peut également se faire par le biais de trois stratégies :

- La modernisation : une entreprise a le choix entre deux options pour moderniser sa gamme :
  - Tester le nouveau style sur quelques modèles avant de l'étendre ;
  - Modifier l'ensemble immédiatement.
- La différenciation : ici, le responsable d'une gamme choisit un ou deux articles qui lui servent de « locomotive » ;
- L'élagage : il consiste à supprimer (élaguer) dans une gamme, certains produits qui sont devenus des « poids morts » ; voire qui consomment inutilement les ressources de l'entreprise. Un élagage se justifie également lorsque l'entreprise est confrontée à une forte demande et ne possède pas de la capacité de production nécessaire pour produire toute la gamme :

- Option, tailles et couleur sont des éléments de référence d'un produit. Cette référence peut être disponible en différentes tailles, coloris et ensuite donner naissance à une version plus élaborée ou plus dépouillée qu'on appelle gamme.
  - Garantie. Celle-ci exprime la durée de vie d'un produit en mois ou en année, en fonction de l'utilisation (kilométrage, nombre de pièces produites,…). Elle peut être gratuite ou payante.
  - Service après-vente. Il englobe l'ensemble des avantages et

satisfactions offerts par un producteur à ses clients, après conclusion d'un contrat de vente. Ce service est soumis à un certain nombre de conditions d'utilisation du matériel auxquels un fabriquant est censé mettre à la disposition de l'acheteur. Ce service peut se présenter sous-forme de :

- Dépannage gratuit (avant l'expiration du terme garantie) ;
- L'assistance conseil ;
- L'installation du matériel au domicile de l'acheteur ;
- La maintenance, etc.

Une stratégie permet aux fabricants de rester à l'écoute du marché. Elle est également à l'origine des substantiels bénéfices tant que les fabricants sont les fournisseurs exclusifs des pièces de rechange.

Section 2. Management des produits

Le « management d'un produit est analogue à un combat pour la vie : le passage des différentes étapes comporte de nouveaux risques qu'il faut savoir gérer, sous peine d'élimination prématurée ».[58].

En effet, manager un produit sous-entend la maîtrise de quatre séquences : création, mise sur le marché, lutte contre la concurrence et enfin, la mort du produit. Toutes ces séquences sont observées dans la figure suivante :

[58] VERNETTE, E., *L'Essentiel du marketing*, 3è éd., Paris, Eyrolles, 2010, p. 321.

Figure 21 : Cycle managérial d'un produit

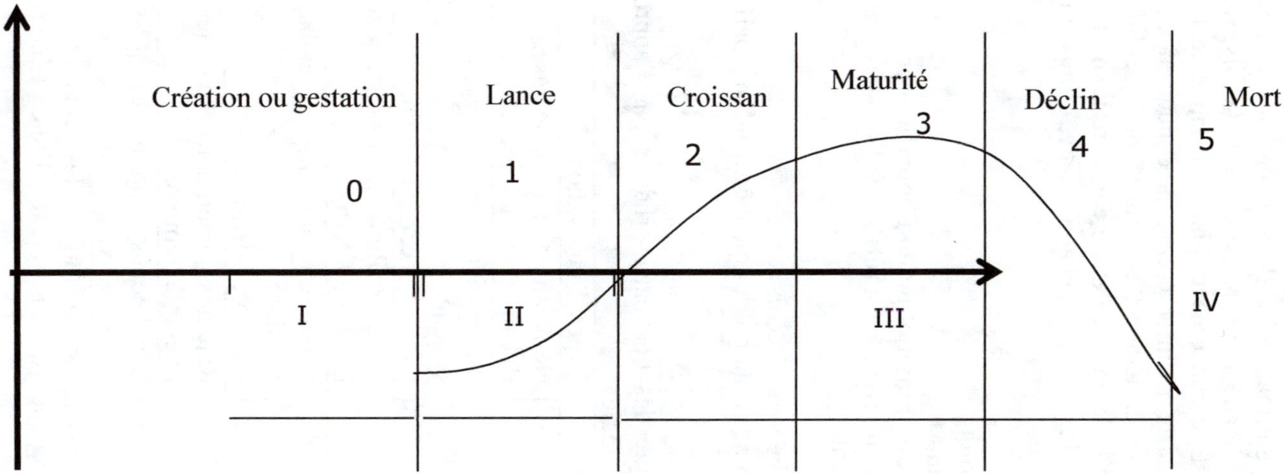

L'étape initiale est celle de la création du produit ou de la gestation. L'étape suivante est celle de la mise sur le marché du produit. Elle concerne la phase de lancement. La troisième étape consiste à lutter contre la concurrence. Elle comprend les phases de croissance, de maturité et de déclin.

Et enfin, la dernière étape consacre la mort ou la disparition physique du produit. A chaque étape, d'importantes décisions sont à prendre.

2.1. Création du produit

2.1.1. Nouveau produit

Les notions « nouveau produit et produit nouveau » confondre. En outre, la notion de nouveauté est relative si l'on se réfère aux trois approches suivantes :

A. Approche marché versus technologie

Ici, un nouveau produit peut être défini à partir de la typologie suivante :

Figure 22 : Typologie des nouveaux produits par l'approche marché contre technologie

Origine d'innovation	Types d'innovation
Technologie (technology push)	Nouveau composant de base. Exemple : pénicilline, nylon
	Conception d'un nouveau sous-système. Exemple : carte mémoire
	Création d'un système complexe. Exemple Internet
Marché (market driver)	Reconditionnement, emballage amélioré. Exemple : dentifrice
	Rajeunissement, nouvelle ligne. Exemple : voiture
	Canal de distribution. Exemple : vente à distance.

Cette approche distingue les nouveautés à dominante technologique qui résultent d'une découverte technique spontanée faite dans le laboratoire de recherche scientifique ou de département de l'entreprise ; et celles à dominante marketing qui sont guidées par l'insatisfaction de clients actuels ou potentiels mises à jour par les études marketing.

En effet, pour la première approche, le marketing sélectionne une ou plusieurs applications susceptibles de répondre à des attentes du marché, puis se charge de faire la pédagogie de la demande. Dans la deuxième approche, le marché guide l'innovation dans l'esprit marketing de la demande, le département de Recherche et Développement de l'entreprise doit résoudre le problème des consommateurs en trouvant une innovation adéquate.

B. Approche perspective stratégique

C'est une autre façon de présenter les innovations. Elle consiste à adopter une perspective stratégique. Ainsi s'y dégagent trois catégories de produits nouveaux :

- Les produits repositionnés. Ici, les composantes intrinsèques du produit ne sont pas modifiées ; seul l'aspect extérieur ou l'emballage change. En revanche, la communication marketing met l'accent sur des qualités spécifiques du produit qui auparavant, sont laissées dans l'ombre. L'objet majeur de cette communication est de modifier les perceptions du consommateur ;
- Les produits améliorés. Les « caractéristiques techniques du produit sont reformulées, les performances accrues mais les dimensions de base sur lesquelles les acheteurs l'évaluent ne changent pas. Le nouveau produit correspond à une stratégie d'allongement d'une gamme existante (couverture du marché) ou au remplacement d'un produit ; ce dernier étant alors retiré du marché, car devenu techniquement obsolète ».[59] ;
- Les produits originaux. Ils correspondent à une innovation de rupture. Les caractéristiques

[59] VERNETTE, E., *Op. Cit.*, p. 323

perceptuelles et physiques de ces produits sont clairement nouvelles. Ils ne rentrent pas naturellement dans une catégorie de produits existante.

C. Approche changement dans les habitudes

C'est une approche qui se fonde sur le nouveau produit dans les habitudes de consommation (stabilité contre nouveauté) et la nature de la technologie mobilisée (nouvelle contre traditionnelle).

La figure suivante renseigne sur le nombre d'innovations possible.

Figure 23 : Typologie de nouveaux produits (consommation - technologie)

		Technologie	
		Nouvelle	Traditionnelle
Habitude de consommation	Nouvelle	Innovation de rupture	Innovation comportementale
	Stable	Innovation technologique	Innovation Incrémentale

Source : LE NAGARD-ASSAYAG, E, MANCEAU, D., *Marketing des nouveaux produits*, Paris, Dunod, 2005.

La figure 23 en appelle aux explications suivantes :

1. L'innovation de rupture est qualifiée d'innovation radicale ; elle bouleverse les habitudes de consommation par l'introduction d'une nouvelle technologie ;
2. L'innovation comportementale est souvent pratiquée dans les services.
3. L'innovation incrémentale propose une amélioration mineure des produits existants ;
4. L'innovation technologique procure de nouveaux bénéfices au consommateur, sans changer l'usage du produit.

2.1.2. Processus de développement d'un nouveau produit

Le management du développement d'un nouveau produit suit la procédure suivante :

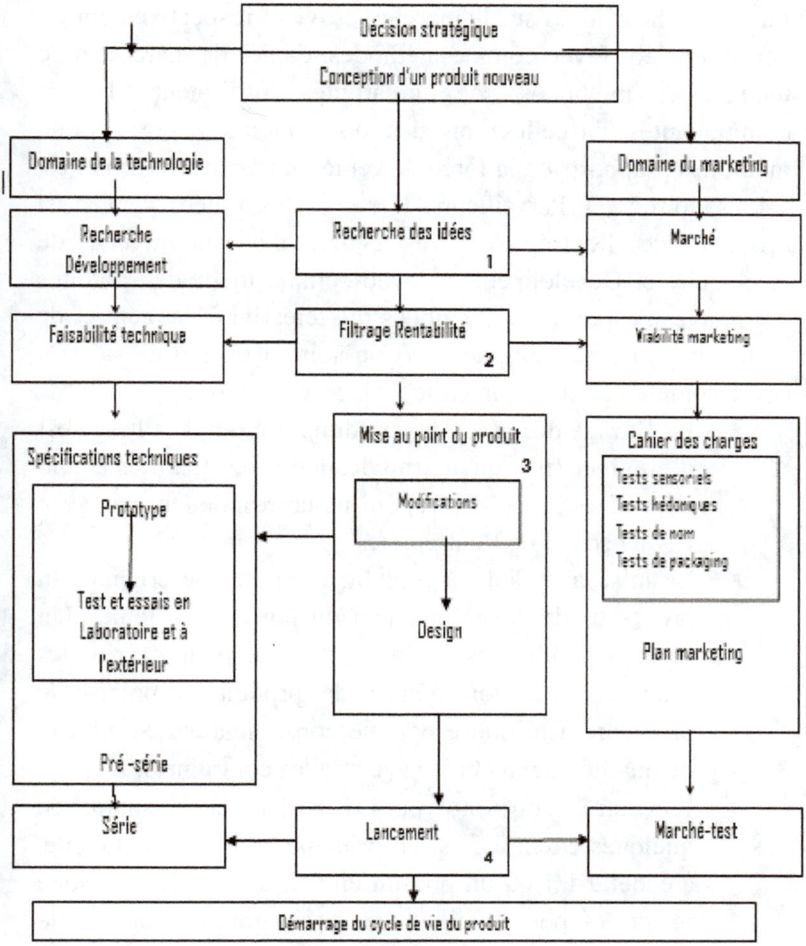

Décision stratégique
Conception d'un produit nouveau
Domaine de la technologie
Domaine du marketing
Recherche
Développement
Recherche des idées
1
Marché
Faisabilité technique
Filtrage Rentabilité
2
Viabilité marketing
Spécifications techniques
Prototype
Test et essais en Laboratoire et à l'extérieur
Pré -série
Mise au point du produit
3
Modifications
Design
Cahier des charges
Tests sensoriels
Tests hédoniques
Tests de nom
Tests de packaging
Plan marketing
Série
Lancement
4
Marché-test
Démarrage du cycle de vie du produit

Ce processus révèle quatre étapes importantes :

La recherche d'idées sur le marché, provient respectivement du consommateur (avec comme méthodes, études de marché et de tendances, méthodes de créativité, utilisateur leader, communautés virtuelles) ou des distributeurs (avec comme méthodes : rapports de la force de vente, rencontres informelles, salons, foires,…). Par ailleurs, la recherche d'idées peut aussi provenir de l'entreprise, c'est-à-dire, soit au niveau de Recherche et Développement (avec comme méthode : comités de nouveaux produits, méthodes de créativité et centre de recherches internes, laboratoires) ou soit au niveau de salariés (avec comme méthodes, la boite à idées, concours).

- Le filtrage des idées des produits. Le but de filtrage est d'éliminer, par un tri rapide, les idées manifestement mauvaises ; c'est-à-dire, qui ne correspondent pas avec l'objet social de l'entreprise.
- La mise au point du produit, c'est l'étape cruciale du processus de développement du nouveau produit. Un cahier des charges est mis au point pour décrire les fonctions que doit remplir le produit. Il précise le problème à résoudre pour le consommateur, le niveau de qualité attendu et les éventuelles contraintes.

  En outre, un prototype est réalisé, à la main, en quelques exemplaires, en principe, c'est une maquette, à échelle 1/1 ou un produit en état de marche. Lorsque le prototype est figé dans ses grandes lignes, le marketing procède à son tour à une série de tests.
- Le lancement du nouveau produit. Ce lancement s'effectue après les séries de tests techniques et marketing. Le produit est alors présenté sur le marché pour être adapté ou refusé par le consommateur.

  Dans toutes ces étapes, il sied de signaler que deux fonctions ou domaines sont plus utilisés dans l'entreprise : le domaine de la technologie et le domaine du marketing.

2.2. Mise du produit sur le marché ou lancement du produit

Lorsqu'un nouveau produit est adopté, il se caractérise par une typologie précise des catégories d'adopteurs, qui diffèrent dans le temps qu'ils mettent à essayer le nouveau produit. Ceux qui adoptent le produit le plus vite, présentent des caractéristiques communes qui les différencient de ceux qui adoptent le produit le plus tardivement.

Ce processus d'adoption du produit suit une loi normale.

Figure 23 : Distribution des acheteurs d'un nouveau produit

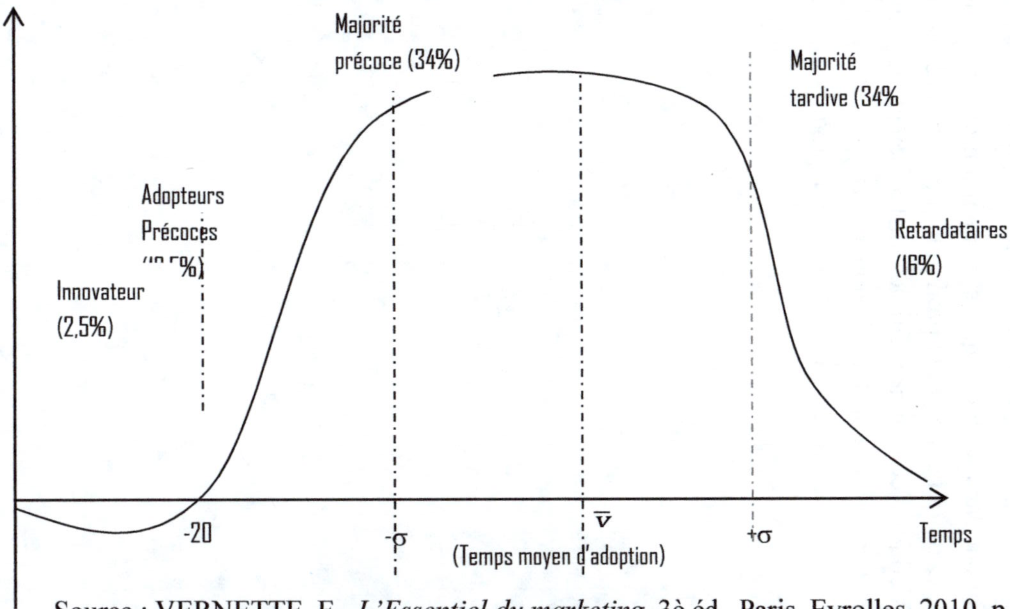

Source : VERNETTE, E., *L'Essentiel du marketing*, 3è éd., Paris, Eyrolles, 2010, p. 346.

Ce lancement s'effectue avec un long processus des tests qui cheminent comme suit :

Figure 26 : Structure d'un modèle de marché test

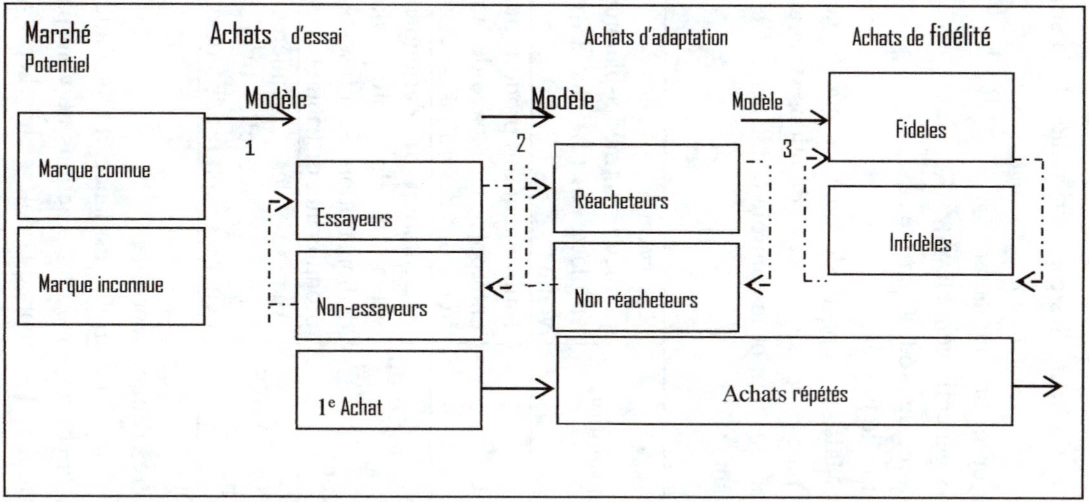

Source : VERNETTE, E., *L'Essentiel du marketing*, 3è éd., Paris, Eyrolles, 2010, p. 347.

Dans la phase d'introduction apparaît une nouveauté du concept de produit : peu de concurrents, une croissance faible des ventes et une image de marque faible.

Par ailleurs, les caractéristiques de la stratégie et du marketing-mix consistent à :

- Rassurer le consommateur ;
- Le prix généralement élevé ;
- La gamme de produits étroite ;
- La publicité limitée.

Mais, il importe de préciser que la gestion du lancement ne repose pas sur les considérations stratégiques. Il convient la coordination et le contrôle d'une série d'opérations tactiques suivants :

1.	Plan de promotion	Réservation des espaces publicitaires (media-planning), mise en place des PLV sur les points de vente
2.	Logistique	Enlèvement des produits aux usines, entrepôts ; Groupage des transports, livraisons des points de vente
3.	Brief de la force de vente et des distributeurs	Présentation de l'argumentaire de vente à la force de vente démonstration et présentation des produits aux distributeurs
4.	Suivi des ventes réassortiment	Analyse des premières ventes (panels) ; Nouvelles livraisons pour éviter les ruptures de stocks.

2.3. Lutte contre la concurrence

Lorsqu'un produit est lancé, il faut s'attendre à la convoitise de la concurrence : les réactions ne vont pas tarder. C'est pourquoi, l'entreprise doit chercher à gérer stratégiquement le cycle de vie du produit.

Le cycle de vie d'un produit désigne la succession de différentes étapes de sa vie commerciale. Sa carrière débute lors de son lancement effectif et s'achève lors de son retrait du marché.

Figure 24 : Cycle de vie d'un produit

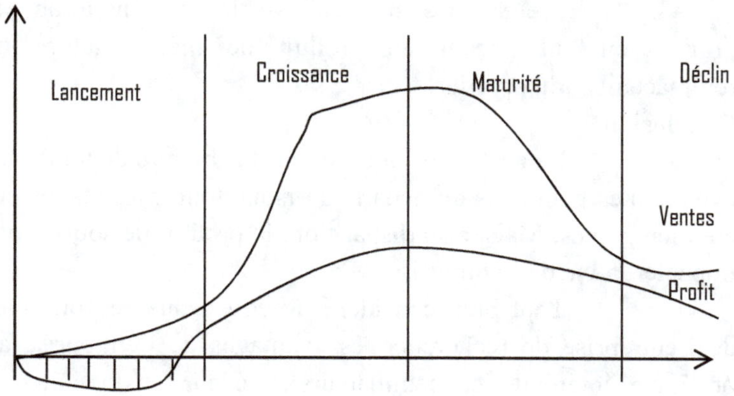

A ce niveau l'entreprise doit minutieusement suivre et surveiller les deux indicateurs qui caractérisent la vie d'un produit : les ventes et les profits. Pendant ce processus, pour renforcer le produit tout au long de son parcours, l'entreprise peut envisager la gestion de la gamme, en largeur ou en profondeur.

En effet, l'augmentation de la largeur d'une gamme relève de la réflexion stratégique qui conduit souvent à attaquer un nouveau segment de marché sur lequel l'entreprise est absente en s'appuyant sur la notoriété préalable de la marque.

Il convient de noter que l'augmentation de la profondeur d'une gamme est de nature plus tactique car, elle élargit le choix offert à une même cible de consommateurs et offre une adéquation plus fine aux attentes.

2.4. Mort du produit

La mort du produit renvoie à sa disparition physique. En effet, lorsqu'un produit ne permet plus de satisfaire les attentes des consommateurs, après une étude de satisfaction, l'entreprise peut décider d'abandonner le produit sous peine de risque de perdre stratégiquement le marché.

L'entreprise peut s'investir en améliorant le produit ou en lançant un produit de même nature en remplacement du premier.

Conclusion

La gestion d'un produit est tributaire de toutes les éventualités planifiées au départ. Lorsque toutes les étapes ont été bien gérées. Mais, à sa disparition, le produit ne souffre pas impacter la vie de l'entreprise.

Tout bien considéré, force est aux responsables de l'entreprise de rechercher les avantages de l'entreprise au profit de l'intérêt des consommateurs et de leur satisfaction.

Dixième chapitre
Marketing du prix

✓ Objectif du chapitre

Ce chapitre s'emploie à appréhender la notion du prix, le passage du prix de la variable financière à une variable marketing, les différents niveaux des prix et le management des prix.

✓ Contenu du chapitre

Dans ce chapitre nous allons développer les points suivants :

- La logique des prix en marketing
- Le management des prix.

Tout produit faisant l'objet d'une transaction nécessite d'être évalué à travers une unité servant de communes mesures dans les échanges. C'est cela qu'on appelle « prix ». Le prix est une notion difficile à apprécier et à comprendre. Sa complexité résulte de sa triple qualification : Le prix constitue une variable financière doublée de la variable économique et une variable marketing. Mais, aujourd'hui la notion du prix est plus marketing qu'économico-financière.

Section 1. La logique du prix en marketing.

1.1. Définition

Le prix est le montant en argent nécessaire pour obtenir une certaine combinaison des produits et services aptes à satisfaire un besoin exprimé par un groupe de consommateurs situés dans un cadre physique et psychique donné. Il est la valeur d'une chose exprimée en monnaie.

Le prix est la seule variable du mix-marketing qui rapporte un revenu dans l'entreprise, tandis que les autres constituent une source de dépenses. Il est devenu un vecteur-pression-marketing le plus dépendant des autres. Tous les produits peuvent être différents aux yeux du public par leurs propres caractéristiques, leurs emballages, leurs marques,...

Mais, le prix est une variable qui dispose d'une importance déterminante dans le comportement d'achat, étant donné que sa fixation doit tenir compte d'une part, du pouvoir d'achat de la population-cible et du coût de fabrication du produit, d'autre part.

Dans le domaine du marketing, le prix ne doit pas être suffisamment élevé ni suffisamment bas. En d'autres termes, un prix fixé ne doit léser ni le producteur, ni l'acheteur. En effet, le prix fixé doit permettre à l'entreprise de générer un profit, eu égard à son importance sur la part de marché, mais il doit aussi permettre à l'acheteur d'accéder au produit pour satisfaire ses besoins et désirs.

1.2. Variables décisionnelles des prix

Plusieurs éléments sont pris en compte pour fixer le prix d'un produit et faciliter la transaction. Le tarif de base, la remise, les conditions de paiement font partie des variables pour fixer le prix d'un produit.

La remise est une réduction consentie pour un volume d'achat important (remise pour quantité). Elle est aussi offerte en échange de la prise en charge d'une activité qui reviendrait normalement au vendeur (remise fonctionnelle).

Il importe de préciser que les conditions de paiement sont des conventions dans lesquelles l'acheteur s'engage à s'acquitter d'une obligation conformément à la date prévue dans les clauses du contrat. Ce paiement peut s'effectuer sous différentes formes suivantes :

- Au comptant ;
- A crédit ;
- A terme,
- A tempérament ;
- En espèce ;
- Par chèque ou toute autre effet de commerce stipulé dans le contrat.

La section suivante s'emploie au management des prix.

Section 2. Management des prix

Toutes les entreprises doivent déterminer un prix de vente pour leurs produits et services. Rappelons que le prix est la seule variable du marketing-mix qui génère des revenus. Toutes les autres variables n'engendrent que des dépenses pour l'entreprise. D'où l'importance de la fixation des prix et de leur variation.

2.1. Fixation des prix

Quand l'entreprise lance un nouveau produit, elle s'attaque à un nouveau marché pour répondre à un appel d'offres. Ce faisant, l'entreprise est confrontée à un problème de fixation des prix. Pour fixer un prix, six étapes sont nécessaires :

Déterminer l'objectif → Evaluer la demande → Estimer le coût → Analyser la concurrenc → Choisir une méthode de tarification → Fixer le prix

2.1.1. Objectifs

Toute entreprise doit d'abord préciser, dans sa tarification l'objectif à atteindre. Si la cible et le positionnement ont été clairement identifiés, le prix à fixer en découle aisément.

A. Objectif lié au volume

Les quantités vendues sont souvent une fonction inverse du prix proposé. Cette constatation provient de l'observation des courbes de demande en fonction du prix. Celles-ci ont en général la forme suivante :

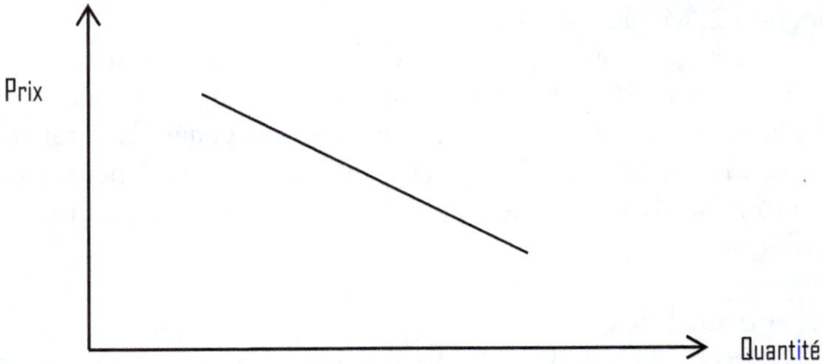

Le prix proposé influence le volume des produits vendus. Cette influence est plus ou moins forte en fonction de l'élasticité ℓ des ventes par rapport au prix

$$e = \frac{\frac{D_2 - D_1}{D_1}}{\frac{P_2 - P_1}{P_1}}$$

Où:

- D_2 = Demande période 2
- D_1 = Demande période 1
- P_2 = Prix période 2
- P_1 = Prix période 1

Dans la pratique, on s'intéresse à l'élasticité moyenne où : $D = \frac{D_1 + D_2}{2}$ et $P = \frac{P_1 + P_2}{2}$

Si $|e| > 1$, la demande est élastique, c'est-à-dire, la demande est sensible au prix

Si $|e| = 1$, la demande est rigide : une modification du prix n'engendre pas une variation de la demande

Si $|e| < 1$, la demande n'est pas sensible au prix.

B. Objectif de rentabilité

La rentabilité et le prix proposé sont liés par la relation :

R = PQ – CQ

Où : R = Rentabilité ou profit
P = Prix

C = Coût unitaire

Q = Quantité vendue

Cette relation montre qu'apparemment le profit est une fonction directe du prix. Toutefois, cette relation est beaucoup plus complexe, dans la mesure où le prix influence aussi la quantité vendue.

C. Objectif de gamme

Le prix d'un produit peut influer sur les ventes d'autres produits de la gamme. Ainsi, la fixation du prix peut avoir pour objectif d'optimiser les ventes des produits d'une gamme.

D. Objectif d'image

Le prix est souvent associé à une image de qualité. La fixation d'un prix élevé peut donc avoir pour objectif le maintien ou la création d'une image de produit de qualité.

2.1.2. Évaluation de la demande.

Plusieurs facteurs affectent la sensibilité de la demande par rapport au prix (valeur livrée au produit par le consommateur, qualité perçue, connaissance des produits de substitution, facilité de comparaison, poids de dépense dans le budget, poids prix dans le coût total…). Aussi, dans la pratique, il est difficile d'établir une véritable courbe de demande, voire d'apprécier, même approximativement, les variations de demande à la suite d'une variation de prix.

Pour évaluer la demande/prix, les entreprises procèdent par des études de « prix psychologique », sur base d'un échantillon représentatif du marché du nouveau produit. Les personnes interrogées répondent aux questions suivantes par exemple :

- « Au-dessus de quel prix n'achèteriez-vous pas ce produit, car vous le jugerez trop cher ? » ;
- « En dessous de quel prix n'achèterez-vous pas ce produit car, vous penseriez qu'il n'est pas de bonne qualité ? ».

En comparant les courbes des prix minima et maxima, il est aisé de déduire le volume de demande (nombre de personnes considérant le prix comme acceptable) pour différents niveaux des prix.

2.1.3. Estimation des coûts

Alors que la demande détermine souvent le prix plafond, les coûts induisent le prix planché.

Ci-dessous sont représentées les différentes distinctions établies par les praticiens en matière de coûts :

Coûts fixes (coûts de structure)	Insensibles aux variations de la production
Coûts variables (coûts opérationnels) • Coûts semi-variables ▪ Coûts proportionnels	Sensibles aux fluctuations de la production Comportent une partie fixe et une partie variable. Varient en relation directe avec les variations de la production
Coûts directs	Attribués à la production de ce bien et de lui seul
Coûts indirects (communs)	Exposés pour produire plusieurs biens
Coût moyen	Obtenu en divisant le coût total par le nombre d'unités produites
Coût marginal	Coût d'une unité supplémentaire de produit

2.1.4. Analyse de la concurrence

Entre le prix plafond issu de la demande et le prix planché imposé par les coûts, les prix pratiqués par les concurrents constituent un troisième pôle de référence. Les méthodes utilisées sont les suivantes :

- Relevés des prix ;
- Analyse des tarifs ;

▪ Enquêtes auprès des consommateurs.

La connaissance des valeurs perçues par les consommateurs des produits concurrents par rapport aux prix pratiqués par ceux-ci, oriente la politique de tarification de l'entreprise.

2.1.5. Choix d'une méthode de tarification

Les facteurs-clés de la fixation d'un prix sont :

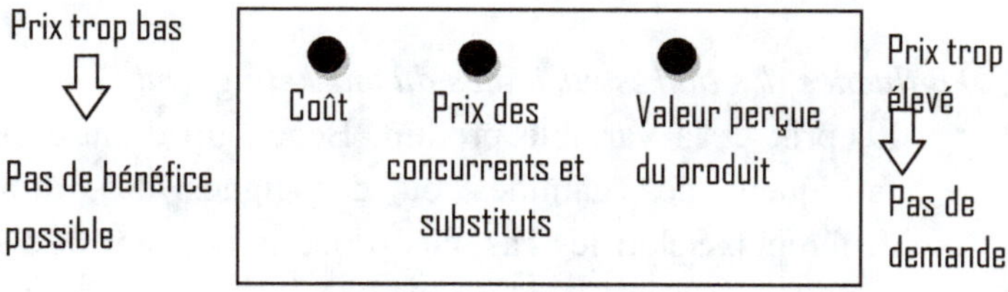

Les principales méthodes de tarification sont les suivantes :

- Coût + marge. Il consiste à définir le prix à partir d'un taux de marque (marge) ajouté au coût total ;
- Taux de rentabilité souhaité. Il détermine le prix qui permet d'obtenir un taux de rentabilité donné, à partir d'un coût et d'un volume de vente attendu ;
- Prix du marché. Il s'agit de vendre plus cher, moins cher ou au même prix que le principal concurrent ;
- Prix de soumission. Dans une procédure d'appel d'offre ou d'adjudication, lorsque plusieurs entreprises sont en compétition pour obtenir un contrat, chacune d'entre elles soumet un prix fonction de son appréciation des soumissions des concurrents.

2.1.6. Le choix final

L'objectif des étapes précédentes est de réduire les fourchettes des prix acceptables. Il s'agit maintenant d'optimiser le prix final proposé par le marché en tenant compte :

- De l''influence des autres variables du marketing- mix ;
- Des réactions des autres intervenants (distributeurs, force de vente, pouvoirs publics) ;
- De la politique de prix adopté par l'entreprise.

A. Influence des autres variables du marketing - mix

- Le prix et la variable produit. Beaucoup d'entreprises fabriquent des gammes ou des lignes de produits différents. Selon les cas, ces produits peuvent être soit complémentaires, indépendants ou concurrents. Il convient de retenir que la nature va influencer les choix en matière de prix.

  Dans la pratique, plusieurs cas sont envisageables ;
    - Prix de gamme,
    - Options,
    - Produits liés,
    - Prix à double détente,
    - Sous-produits,
    - Prix par lots.
- Prix et marque. Le prix à retenir en dernier ressort doit tenir compte de la marque (la notoriété à son prix) et de l'effort publicitaire consenti pour maintenir la notoriété de cette marque.

B. Réactions des autres intervenants

- Le prix et les distributeurs. Il appartient au responsable commercial d'une entreprise de production de proposer au détaillant sa politique des prix selon que :

- Le producteur est puissant. Dans ce cas, il impose un prix conseillé et le détaillant applique une marge prévue par le producteur ;
- Les distributeurs disposent d'un pouvoir plus grand. Ici, le producteur applique parfois une politique des prix discriminatoires selon les canaux de distribution (commerçants traditionnels, grands magasins…). Cette pratique, bien qu'interdite par la loi Royer est fréquente dans la pratique du fait que les producteurs ne veulent pas se priver des commandes des gros clients.

▪ Le prix et les consommateurs. Les réactions de l'acheteur à un prix dépendent de sa perception du produit. Un acheteur est plus sensible au prix des produits chers ou qu'il achète fréquemment qu'à ceux qu'il n'achète qu'occasionnellement. En outre, il réagit moins au prix de vente qu'au coût total du produit.
Par ailleurs, en l'absence d'autres informations, le prix constitue un repère pour évaluer le niveau de qualité d'un produit : plus le prix est élevé, plus la qualité est supposée haute.

▪ Le prix et les concurrents. Toute entreprise qui fixe ou modifie un prix doit se préoccuper autant des réactions des clients que de celles des concurrents. Les réactions des concurrents sont d'autant plus vives que leur nombre est limité, que le produit est homogène et que les clients sont bien informés :
  ▪ Sur certains marchés, les concurrents alignent leurs prix : guerre des prix. Le leader d'un marché est souvent la cible d'une guerre des prix déclenchée par d'autres entreprises soucieuses d'augmenter leur part de marché.

- Sur des marchés où les produits sont plus différenciés, chaque entreprise à plus de latitude puisque les critères d'achats des clients sont nombreux (service, qualité, sécurité…), rendant l'acheteur moins sensible au prix.

C. Les variations de prix

Une entreprise ne fixe pas un prix de façon isolée, mais définit toute une gamme de tarifs.

- Les réductions commerciales ou financières :
  - Les escomptes : elles correspondent à une réduction dont bénéficie le client qui paie comptant.
  - Les remises :
    - *Pour quantité* : c'est une réduction consentie pour un volume d'achat important ;
    - *Fonctionnelles* : elles concernent les réductions offertes en échange de la prise en charge d'une activité qui reviendrait normalement au vendeur.
  - Les rabais : ce sont des réductions accordées pour des raisons particulières : articles de second choix, fins de série, invendus, défaut dans la marchandise. ;
  - Les soldes : réduction de prix consentie à un acheteur qui achète hors saison. Les soldes permettent d'entretenir une activité régulière tout au long de l'année.

- Les prix promotionnels

  Une entreprise peut être amenée à baisser temporairement ses prix. Les prix promotionnels revêtent de multiples formes :

  - Articles à prix coûtant ;
  - Offres spéciales ;
  - Offres de remboursement ;
  - Crédit gratuit.

- Les prix discriminatoires

  Cette méthode consiste à moduler les prix selon la demande. Le prix discriminatoire, très règlementé, peut prendre plusieurs formes :

  - Discrimination entre les clients : tous ne paient pas le même prix pour un produit ou un service donné ;
  - Discrimination entre les produits : prix différents fixés pour des versions légèrement modifiées d'un même article ;
  - Discrimination d'image : un même produit est vendu sous des marques et à des prix différents ;
  - Discrimination de la place : les différences dans la demande pour les diverses places, font varier leur prix ;
  - Discrimination en fonction du temps : la demande d'un produit varie de prix en fonction de son cycle de vie, de saisons, des jours, d'heures.

Il arrive que les entreprises pratiquent plusieurs formes de prix discriminatoires simultanément. Cependant le recours à ces méthodes qui supposent une parfaite connaissance de la segmentation, doit bien sûr se faire dans le respect de la loi pour ne pas créer au sein de la clientèle un mécontentement qui serait préjudiciable à la progression des ventes.

Le yield management. Il généralise les modulations tarifaires. Il a pour objectif de lisser la demande tout en augmentant le volume des ventes.

2.2. Différentes politiques de prix

En matière de tarification, le prix final doit respecter les lignes directrices de la politique habituelle de l'entreprise. Il s'agit d'adhérer à l'image de la firme perçue par les clients et à son positionnement vis-à-vis de la concurrence.

La politique de prix est donc l'un des éléments dont disposent l'entreprise et tout spécialement le responsable du marketing pour faire correspondre son offre aux attentes du marché. La politique de prix en appelle à une décision majeure de l'entreprise. En effet, d'une part, le prix exerce une grande influence sur le volume des ventes du fait qu'il a un caractère d'achat et de choix important pour le client et d'autre part, le prix exerce une influence évidente sur les recettes ; voire une conséquence sur la rentabilité de l'entreprise.

C'est dire que, le prix est le pont permettant l'accès d'un produit et/ou service du producteur vers les clients. Il peut être décidé par l'entreprise à travers différents niveaux compte tenu de la stratégie qu'elle se propose pour pénétrer un marché.

Les différentes politiques de prix envisagées sont :

- La politique d'écrémage
  La politique précitée est envisagée par le prix d'écrémage. Ce prix est supérieur au prix du marché, mais de façon momentanée. La politique d'écrémage consiste à fixer un prix relativement élevé de manière à ne toucher qu'une clientèle limitée, c'est-à-dire, un segment du marché acceptant des prix élevés pour réaliser ainsi des marges bénéficiaires confortables.

Cette politique convient :

- En phase de lancement d'un produit car, les consommateurs sont moins sensibles au prix dans cette phase du cycle de vie ;
- A une production restreinte ou quand les ressources financières de l'entreprise sont modestes (investissement commercial limité).

Elle vise des clients à haut revenu et les pionniers.

Cependant, cette politique freine l'augmentation des ventes (segment restreint). En outre, elle incite les concurrents, attirés par l'espérance de marges substantielles, à s'installer sur le marché.

- La politique de pénétration du marché

Elle consiste à conquérir rapidement, une part importante d'un vaste marché, grâce à un prix bas, mais à l'aide d'une publicité intense et d'une politique de distribution de masse. Pour tout dire, le prix de pénétration est un prix inférieur au prix de marché de façon momentanée. Il vise la pénétration rapide du marché et cherche à atteindre une position dominante.

Le choix d'une telle politique se justifie quand :

- Les ventes sont très sensibles au prix, même en période de lancement ;
- On peut réaliser des économies d'échelle sur les coûts unitaires ;
- On sait que le produit sera immédiatement menacé par une vive concurrence dès le lancement ;
- Il n'existe pas de « marché d'élite ».

Pour ce choix, l'entreprise élève des barrières face aux concurrents potentiels et acquière sur le marché une position de leader. Cependant, cette politique est très coûteuse et exige de gros investissements en production et en commercialisation.

- Politique de positionnement (à la valeur perçue)
  De plus en plus de nombreuses entreprises fixent leur prix à partir de la valeur perçue du produit par le client. Cette approche est liée à la réflexion sur le positionnement.
  Dans cette politique, on applique le prix premium qui est supérieur au prix du marché et ce, de façon permanente. Il est soutenu par une image de marque et par la qualité du produit ou du service. Il vise un segment ou un besoin déterminé.
  L'entreprise élabore un positionnement en tenant compte d'une cible particulière et de la qualité du produit offert. Le positionnement choisi fournit une première indication de prix. Ensuite, l'entreprise calcule la quantité qu'elle peut espérer vendre à ce prix, puis estime la capacité de production et l'investissement nécessaire ainsi que les coûts unitaires. A partir des éléments projetés, l'entreprise peut évaluer le profit correspondant. Si celui-ci est suffisant, elle continue d'explorer le projet, sinon elle abandonne.
  Cette méthode suppose que l'on connaisse bien la perception du produit par l'acheteur, non seulement, dans ses dimensions économiques, mais également, psychologiques.
- Politique à long terme
  Cette politique est envisagée face à la concurrence. Ici, l'entreprise pratique le prix moyen, ou le prix de marché équivalent à la concurrence. Il vise une politique à long terme et tient compte des produits alternatifs.
- La politique promotionnelle
  Cette politique de prix est envisagée pendant la promotion des ventes en utilisant le prix discount. C'est le prix du marché avec remise ou rabais contenus. Il est utilisé comme moyen publicitaire.
- La politique concurrentielle

Deux types de prix peuvent être envisagés :

- Le prix stay-out est agressif puisqu'il cherche à décourager des concurrents potentiels. Il vise des produits à imiter ou non protégés.
- Le prix put-out est un prix très agressif qui vise à augmenter la part du marché et à éliminer les concurrents.

Conclusion

Le marketing des prix permet à l'entreprise de se retrouver sur le plan financier, économique et commercial, d'autant plus que le prix constitue la seule variable du marketing qui influence le revenu.

Non seulement, le prix est attractif mais il aide à renforcer la conduite de l'entreprise en général et des ventes en particulier.

Onzième chapitre
Marketing de la place

✓ Objectif du chapitre

Ce chapitre permet de mieux comprendre en marketing « le concept place » et les autres qui y sont liés, notamment la responsabilité managériale de la distribution pour atteindre les objectifs marketings.

✓ Contenu du chapitre

Deux sections composent ce chapitre. Elles portent respectivement sur :

- La logique de la place ;
- Le management de la distribution.

Tout producteur cherche à mettre sur pied un système lui permettant d'atteindre son marché. Cependant, ce marché est constitué de différents endroits à travers lesquels les produits peuvent être rendus accessibles aux différents publics ou « Place ».

La place ou la distribution est une variable qui a une double qualification :

- Economique. La place est économique lorsque l'intérêt est porté sur les distributeurs comme intermédiaires sur lequel se base l'économie d'un pays ;
- Marketing. Ici, la place est construite à cheval entre l'entreprise et le consommateur, d'une part, et de toutes les activités qui rendent cette locomotion des produits ou services de façon fluide, d'autre part.

Section 1. La logique de la place

1.1. Définition

La place peut être définie comme étant tout endroit physique dans lequel un acheteur peut s'approvisionner. C'est donc un point de vente du produit.

Elle est un P parmi d'autres P qui doit s'intégrer dans le marketing-mix de l'entreprise. Elle constitue une variable stratégique, appelée aussi distribution. Cette dernière est « l'ensemble des activités réalisées par le fabriquant avec ou sans le concours d'autres institutions, à partir du moment où les produits sont finis jusqu'à ce qu'ils soient en possession du consommateur final et prêts à être consommés au lieu, au moment, sous les formes et dans les quantités correspondants aux besoins des utilisateurs ».[60].

1.2. Les variables décisionnelles de la place

Toute entreprise, après avoir créé son produit, doit le lancer dans une sphère commerciale. Cependant, ce produit doit suivre certains itinéraires tracés par l'entreprise pour atteindre la cible visée. Chacune de ces voies prises isolément, constitue pour cette entreprise, son canal de distribution.

a. Les canaux de distribution

Ce sont les différents chemins empruntés par le produit pour atteindre les consommateurs. L'ensemble des canaux de distribution utilisés par une entreprise forme un circuit de distribution. En effet, on appelle circuit de distribution, l'ensemble des intervenants qui prennent en charge les activités de distribution ; c'est-à-dire, les activités qui font passer un produit de son état de production à son état de consommation ».

Ce circuit constitue un mode d'organisation permettant d'accomplir des activités qui ont pour but d'amener au bon endroit, au bon moment et en qualité adéquate, les produits appropriés.

Il convient de noter que la notion de circuit de distribution n'est pas, seulement, applicable aux produits tangibles mais, également, aux services qui ont, eux aussi, besoin d'être accessibles et disponibles.

Tout circuit de distribution peut être caractérisé par sa longueur, voire le nombre de niveaux qu'il comporte, correspondant aux différents partenaires entre lesquels le produit transite.

---

[60] VANDERCAMMEN, M., *Op. Cit.*, p. 384

- Un circuit de distribution le plus court ne comporte aucun intermédiaire entre le producteur et le consommateur. C'est une forme de vente directe qui unit le producteur au consommateur.
- Un circuit de distribution à un niveau comporte un seul intermédiaire entre le producteur et le consommateur.

Cet intermédiaire est plus souvent un détaillant pour des produits de grande consommation et peut aussi être un revendeur spécialiste lorsqu'il s'agit d'un marché industriel.

- Un circuit de distribution à deux niveaux comporte deux intermédiaires entre le producteur et le consommateur. Sur le marché de consommation, il s'agit, en général, d'un grossiste et d'un détaillant. En milieu industriel, un agent commercial et un grossiste constituent ce circuit.
- Un circuit de distribution à trois niveaux comporte trois intermédiaires. A ce niveau, le semi-grossiste s'intercale entre le grossiste et le détaillant.

Le schéma ci-dessous illustre lesdits circuits ainsi que les variables de leurs longueurs.

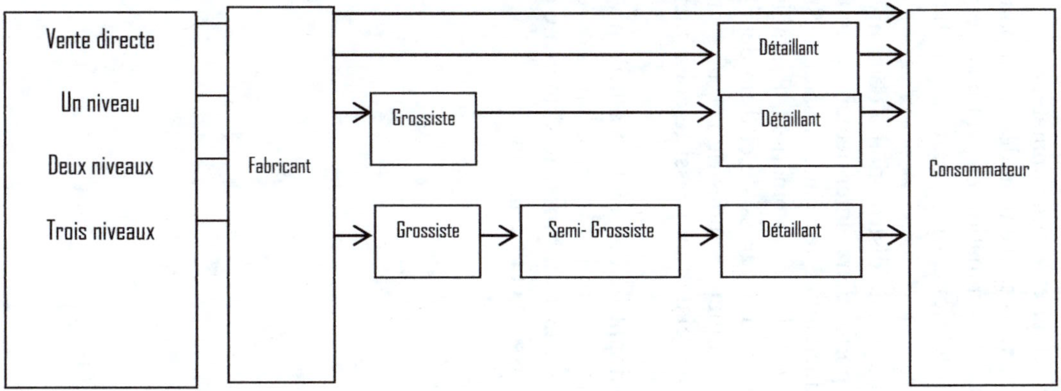

Source : KOTLER, P. et DUBOIS, B., *Marketing management*, 11e éd., Paris, Nouveaux Horizons, p. 522.

Le choix d'un canal de distribution est une décision importante pour l'entreprise, car cela lui impose des investissements qui la lient à plus ou moins long terme. Cependant, un bon choix de ce canal est celui qui maximise le rapport produit-marché au niveau de l'image de marque, de la couverture géographique, du service, du prix, de la zone de chalandise.

Les principaux critères pris en compte pour prendre une bonne décision se situent au niveau du coût, du pouvoir de contrôle et de souplesse d'adaptation. Le choix d'un canal de distribution, comme déjà évoqué, est aussi une décision très délicate dans la définition du marketing-mix, principalement pour des raisons suivantes :

- La distribution est un élément peu élastique du fait que la mise en place d'un réseau est longue et ne porte pas de fruits à brève échéance.
  De plus, il est souvent très difficile de changer rapidement de politique de distribution si les circonstances l'exigent.
- La distribution est un élément autonome par rapport à l'entreprise : en général, le producteur ne maitrise ni la politique commerciale, ni la gestion de son distributeur d'où, il y a possibilité de conflits entre les deux.
  Ces conflits peuvent naître du fait que le producteur et le distributeur n'ont pas nécessairement les mêmes objectifs. Il peut s'avérer, dès lors, que le producteur dans sa politique commerciale cherche à faire accroître sa part du marché et que son distributeur limite ses achats pour réduire des risques économiques.

b. Le merchandising

  - On distingue, sous le nom merchandising, l'ensemble des techniques destinées à améliorer la présentation des produits dans un espace de vente.
  - C'est une notion qui recouvre les techniques concernant l'agencement et la présentation des produits.

c. La logistique commerciale

Par logistique commerciale, il faut entendre le choix des moyens qui facilitent la mise en œuvre, dans les meilleures conditions possibles, des toutes les activités matérielles de distribution. Elle consiste à planifier, puis ensuite, à contrôler les flux des biens depuis leur centre de production jusqu'à leur lieux de consommation, sous la contrainte d'un montant de coût acceptable et d'un service suffisant rendu aux clients.

C'est un processus pour lequel les marchandises transitent jusqu'au client final. Comme autrefois sous le vocable « distribution physique », la logistique commerciale se veut un ensemble composé de points d'entreposage et de modes de transport conçus pour gérer la marchandise aux meilleurs coûts, quantités et délais.

De nombreuses sociétés assignent à la logistique commerciale l'objectif d'apporter les produits adéquats aux endroits adéquats, au moment adéquat et au moindre coût. Or, une telle définition n'est pas opérationnelle, car aucun système de distribution physique ne peut à la fois maximiser le coût. Un service clientèle élaboré implique une politique de stocks abondants, de transports rapides, de points d'entreposages multiples. Ces éléments entrainent des frais de distributions élevées.

Dès lors, sans vouloir s'ingérer dans cette discussion, nous pouvons retenir la définition selon laquelle, la logistique commerciale est un système qui rassemble toutes les activités depuis leur point d'origine jusqu'à leur lieu d'utilisation, en fonction des besoins exprimés par le marché.

Section 2. Management de la distribution

2.1. Choix stratégiques de distribution

A. Principes

L'objectif d'un circuit de distribution est déterminé à partir du niveau de services souhaité par le client et la dispersion des attentes selon les segments du marché (choix, délai, crédit, livraison, installation, réparation…). Le choix des segments et celui des circuits sont étroitement liés.

Chaque producteur doit ensuite concevoir ses objectifs de distribution à partir des principales contraintes :

- Liées aux produits : durée de vie, volume, degré de standardisation, technicité, valeur.
- Liées aux caractéristiques des intermédiaires : tous les intermédiaires n'ont pas les mêmes aptitudes à assurer le transport, la promotion, le stockage, le contact avec le client….
- Légales : le refus de vente est interdit. Un producteur ne peut pas refuser, a priori, de livrer à un intermédiaire qui a passé une commande. La pratique des conditions discriminatoires de vente et des différences abusives de prix appliquées d'un client à l'autre est prohibée. Enfin, quelques circuits sont obligatoires pour certains biens : les produits pharmaceutiques par exemple.
- Liées aux habitudes et au comportement d'achat des consommateurs.

B. Choix d'un circuit de distribution

Le circuit de distribution est caractérisé par sa longueur, c'est-à-dire, le nombre de niveaux qu'il comporte correspondant au nombre d'intermédiaires.

Le canal de distribution est une catégorie d'intermédiaires au sein du circuit.

La tendance est au raccourcissement des circuits de distribution. La vente directe par Internet, même si elle ne tient pas actuellement toutes ses promesses de développement, est quand même en plein essor.

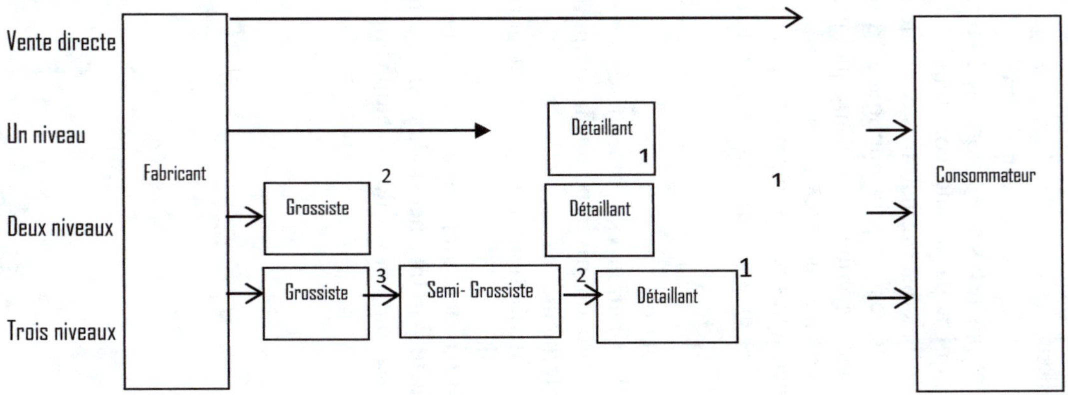

Vente directe
Un niveau
Deux niveaux
Trois niveaux
Fabricant
Grossiste
Grossiste
Semi- Grossiste
Détaillant
Détaillant
Détaillant
Consommateur

C. Choix de l'intensité de la couverture de distribution

Le nombre d'intermédiaires qu'il convient d'utiliser pour chaque niveau de distribution est fonction du degré de couverture du marché visé par l'entreprise. Trois types de couverture sont envisagés :

- La distribution intensive a pour objectif de saturer le plus vite possible les marchés potentiels en étant présent dans un maximum de points de vente ;
- La distribution sélective a pour objectif de limiter le nombre de détaillants pour établir des relations de coopération plus fortes et éviter de disperser les efforts ;
- La distribution exclusive a pour objectif de réserver la distribution à quelques points de ventes spécialisés, pour conserver un meilleur contrôle des intermédiaires et garder au produit une image de prestige.

D. Choix du mode de sollicitation des consommateurs : stratégie « push » ou stratégie « pull »

- La stratégie « push » a pour objectif de pousser le produit efficacement dans le canal. A cet effet, le fabricant stimule son réseau de distribution en offrant de bonnes conditions d'achat (remises, ristournes…) et/ou une assistance technique (merchandising par exemple) ;
- La stratégie « pull » vise à tirer la vente du produit par la demande du consommateur. Face à cette exigence, on postule que le distributeur ne peut pas ne pas référencer le produit. Une telle politique suppose que de gros efforts de communication doivent être consentis, afin de sensibiliser la cible.

2.2. Choix tactiques de distribution

2.2.1. Le choix d'une implantation

A. Critères quantitatifs préconisés ces critères sont :

- Taux de DN (Distribution Numérique) : il faut disposer des pourcentages des magasins détenteurs de la marque de façon habituelle ;
- Taux de DV (Distribution Valeur) : connaître le pourcentage du chiffre d'affaires total de la famille de produits concernés réalisé par les magasins qui référencent la marque. Ceci constitue une indication du potentiel de vente des magasins qui détiennent la marque ;
- Zone de chalandise : identifier la zone d'attraction commerciale du point de vente dont il est possible d'évaluer le potentiel de vente par des courbes isochrones ou par des courbes isométriques (courbes reliant des points situés à des temps de trajet ou des distances en km) identiques du point de vente ;
- Chiffre d'affaires prévisionnel.

B. Critères qualitatifs à prendre en compte ces critères portent sur :

- La situation géographique : le distributeur doit rechercher des pôles d'attraction (rue piétonnières, accès aisé, possibilité de parking…) ;
- L'image du point de vente : une fois le point de vente ouvert, il sied de s'assurer si la clientèle correspond bien à celle visée et qu'elle est satisfaite des prestations fournies. Pour ce faire, on a souvent recouru à un baromètre d'image ;

- Le niveau de service. Le tableau ci-dessous présente une liste de services pouvant être offert par un point de vente.

Services antérieurs à l'achat	Services postérieurs à l'achat	Services annexes
1. Commandes par téléphone, e-mail ou fax acceptées 2. Information consommateur 3. Décor intérieur 4. Salles d'essayage 5. Heures d'ouverture…..	1. Livraison 2. Paquets cadeau 3. Finitions 4. Retours 5. Sur mesure 6. Installation 7. Initiales gravées….	1. Paiement par chèque ou CB 2. Crédit 3. Parking gratuit 4. Restaurant 5. Toilette 6. SAV réparation 7. Décoration 8. Garderie…

C. Les étapes de la conquête de la distribution

1. Identifier les types de points de vente les plus lourds en DV ;
2. Choisir parmi ceux-ci les enseignes les plus dynamiques pour la famille de produit concerné ;
3. Entamer la négociation au niveau des centrales puis éventuellement les poursuivre au niveau régional ;
4. Se faire référencer point de vente par point de vente.

2.2.2. Le merchandising

On désigne généralement sous le nom de merchandising (marchéage), l'ensemble des techniques destinées à améliorer la prestation des produits dans un espace de vente.

A. L'assortiment

L'ensemble des articles qu'offre un magasin à sa clientèle constitue l'assortiment dont il sied d'examiner :

- La largeur de l'assortiment exprime le nombre de modèles différents, pour un article donné ;
- La profondeur indique que pour chaque modèle, existe un choix riche en coloris, dessins, taille

Figure 25 : Classement des formes de commerce selon leur assortiment

Largeur / Profondeur	Assortiment étroit	Assortiment large
Peu de choix	Magasins de dépannage, petit commerce de proximité, supérettes, stations-services (300 à 400 références homologues)	Magasins populaires, supermarchés, Catalogues de VPC (vente par correspondance) (7000 à 10000 réf. Variées)
Beaucoup de choix	Magasins spécialisés (1000 à 5000 réf. Homogènes)	Hypermarchés Grands magasins 10.000 à 30000 réf. Variées)

L'assortiment choisi pour le point de vente doit être en cohérence avec la clientèle ciblée, la politique de prix et de marges du point de vente et la politique de marque de l'enseigne.

B. Le choix du rayon

Le choix du rayon revient à définir l'univers de concurrence dans lequel on veut positionner le produit. Il faut tenir compte de la fréquentation du rayon par les consommateurs.

C. Choix dans le rayon

LE LINEAIRE

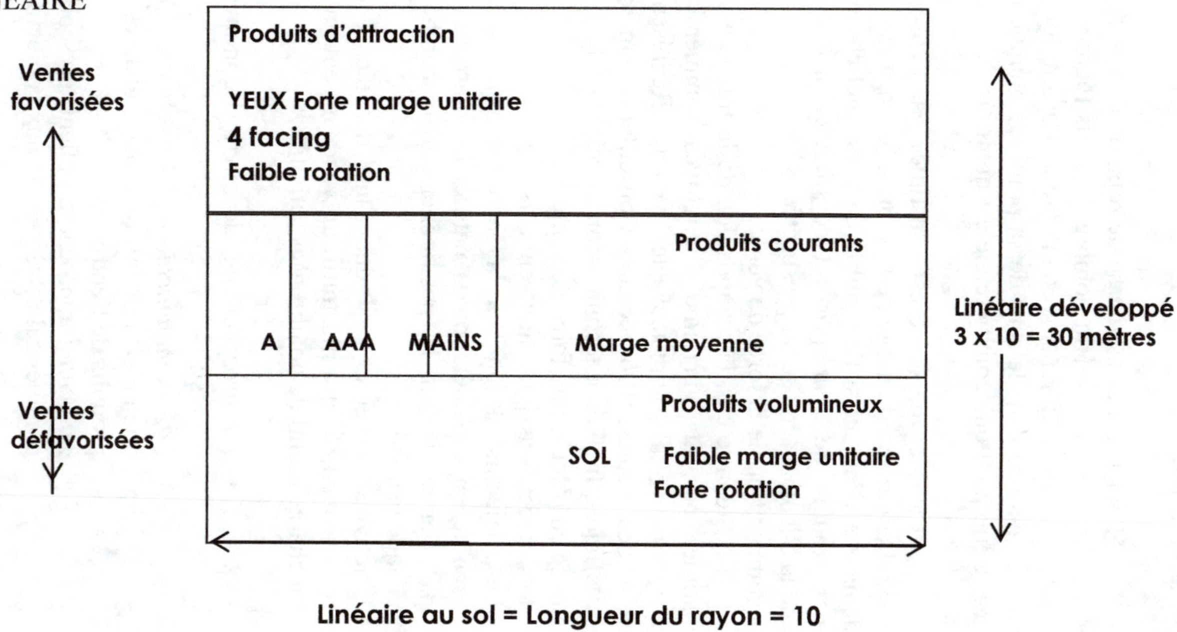

2.2.3. La force de vente

Pour faciliter la vitesse de rotation de ses stocks, l'entreprise dispose d'un certain nombre d'agents regroupés en équipe, affectés dans différents secteurs (zones) ayant pour but d'orienter les actions dans le sens de sa politique commerciale souhaitée. Cette politique commerciale est qualifiée de la force de vente.

La force de vente est constituée par l'ensemble du personnel commercial chargé de la vente et de la stimulation de la demande. C'est aussi l'ensemble du personnel chargé de vente des produits de l'entreprise et de stimuler la demande auprès de la clientèle acquise ou prospectée.

A. La composition de la force de vente

Selon le cas, la composition de la force de vente est constituée par une vingtaine d'employés commerciaux : Directeur commercial, Directeur des ventes, Représentant, Animateur des ventes, Prospecteur, Conseiller commercial, Chargé d'affaires, Ingénieur technico-commercial.

B. La mise en place d'une force de vente

1. Les objectifs assignés aux vendeurs

   Les objectifs assignés à la force de vente doivent prendre en considération la nature des marchés visés par l'entreprise et le positionnement recherché sur chaque marché.

   L'activité de vente n'est que l'une des tâches d'un représentant. A titre illustratif, un vendeur peut prendre en charge parmi de nombreuses activités :

   - *La prospection* : découvrir de nouveaux clients ;
   - *La communication* : transmettre à la clientèle des informations relatives aux produits de l'entreprise ;
   - *La vente* : approche du client, présentation commerciale, réponses aux objectifs et conclusion ;
   - *Le service* : conseil, assistance technique ou financière ;

- *La fidélisation* de la clientèle en proposant une offre complémentaire.

De manière générale, la force de vente poursuit quatre fonctions principales ci-dessous :

Fonction	Objectifs	Contenu
Prospection	Elargir la clientèle	▪ Rechercher des nouveaux clients ▪ Etudier leurs problèmes ▪ Proposer des solutions adéquates
Vente	Prendre commandes	Selon le cas : ▪ Recueillir les ordres (vente stricte) ▪ Augmenter pour convaincre
Suivi du client	Fidéliser la clientèle	▪ Suivre les ventes ▪ Conseiller et aider le client pour : • La gestion des stocks • Les promotions, etc. ▪ Assurer un début de service après-vente ▪ Contrôler les stocks
Retour d'information	Connaitre les réactions de la clientèle	Informer l'entreprise sur : ▪ Le comportement des prospects et des clients finals ▪ Les attitudes de distributeurs ▪ Les actions des concurrents

Source : AUDIGIER, G., *Le Marketing et action commerciale*, 3è éd., Paris, Dunod, 1994, p. 89.

2. Structure de la force de vente

Les principales formes d'organisation d'une force de vente sont les suivantes :

- Structure par secteur : chaque représentant travaille dans un secteur géographique à l'intérieur duquel il vend la gamme complète des produits de l'entreprise ;
- Structure par produit : la spécialisation de la force de vente par produits est particulièrement judicieuse lorsque les produits sont techniquement complexes, hétérogènes ou très nombreux ;
- Structure par marchés : la force de vente est organisée par type de clientèle. Les clients sont alors classés selon le secteur d'activité, la taille, le volume d'achat ou l'ancienneté des contacts commerciaux.

3. Taille de la force de vente

C'est après avoir défini sa stratégie et sa structure que l'entreprise pourra fixer la taille de sa force de vente. Car, celle – ci constitue un atout parmi les plus productifs, mais aussi, les plus coûteux. La plupart des entreprises fixent le nombre de vendeurs dont elles ont besoin à partir d'une analyse de la charge de travail.

C. Gestion d'une force de vente

- Recrutement et sélection des représentants :

Deux traits de personnalité caractérisent le vendeur :

- L'empathie : faculté de se mettre dans la peau de son client, capacité de contact ;
- Le ressort personnel : motivation, ambition, dynamisme…

Les aptitudes citées diffèrent selon la nature des tâches et selon les rôles attribués aux vendeurs : aptitudes intellectuelles, aptitudes affectives et endurance physique.

- Statuts de la force de vente.

  La force de vente peut appartenir exclusivement à l'entreprise (vendeur salarié ou VRP voyageur, représentant, placier - exclusif), ou travailler également pour d'autres entreprises (VRP multicarte, agent commercial appartenant à une entreprise indépendante ou vendeur en contrat de service).

  La force de vente sous-traitée se développe actuellement en vue de maîtriser les coûts commerciaux et développer une certaine réactivité pour des missions commerciales ponctuelles.

  Les grandes entreprises qui disposent de ressources financières suffisantes et qui souhaitent diriger et contrôler la force de vente pour atteindre des objectifs précis, optent plutôt pour une force de vente en propre.

- Motivation des représentants.

  Dans toute force de vente, il existe des individus qui travaillent au maximum sans avoir besoin d'être stimulés (vocation). Mais la plupart des autres doivent être encouragés, surtout lorsqu'un effort de vente créatif est exigé.

  Trois chercheurs américains Churchill, Ford et Walker ont étudié les facteurs qui sous-tendent la motivation des vendeurs. Ils les structurent de la manière suivante :

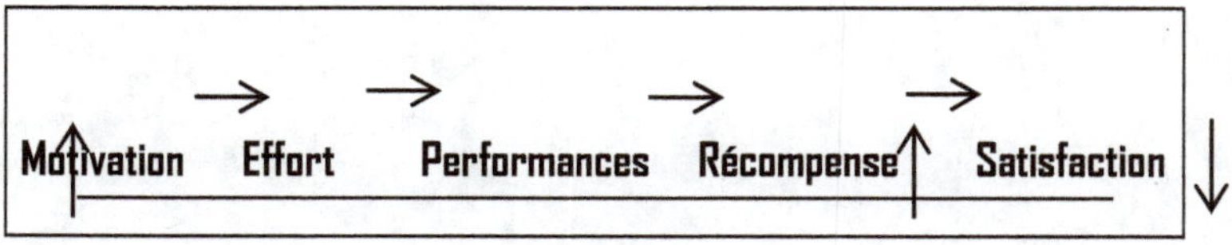

En d'autres termes, plus un vendeur est motivé, plus il s'investit dans son travail et meilleures seront ses performances. Et partant mieux récompensé et satisfait avec motivation, il va poursuivre ses efforts.

La stimulation de la motivation peut revêtir de nombreux aspects :

- La rémunération : fixe, commission, prime ;
- Intéressement au chiffre d'affaires ;
- Avantages en nature ;
- Information et formation ;
- Récompenses diverses associées à des concours, challenges ou évènements…

Cependant, c'est souvent la mobilisation de la FDV par une animation efficace, la définition d'objectifs et de systèmes de contrôle judicieux qui permettent d'obtenir les meilleures performances.

Conclusion

La place est une variable marketing indispensable sans laquelle l'entreprise ne peut pas atteindre ses objectifs en terme de ventes, voire en terme de rentabilité.

Elle est une activité complexe qui nécessite à la fois la stratégie et la tactique de son choix. Elle s'accompagne d'autres activités liées dont le rôle reste défini par l'activité principale qui est la distribution.

Douzième chapitre
Marketing de la promotion

✓ Objectif du chapitre

Ce chapitre s'emploie à présenter la logique de la promotion et l'ensemble des techniques publicitaires. Pour ce faire, il se propose de décrire les relations publiques, ses objectifs et ses moyens.

✓ Contenu du chapitre

Ce chapitre va tour à tour présenter la logique de la promotion et les principales techniques promotionnelles.

La promotion appelée aussi « communication » étant un ensemble de techniques qui ont pour but essentiel de mettre en relation les composantes du marché tels que les acheteurs potentiels, les distributeurs, les consommateurs finals au moyen de la communication.

Section 1. La logique de la promotion

1.1. Définition

- La promotion est un ensemble de techniques destinées à stimuler la demande à court terme, en augmentant le rythme et le niveau des achats d'un produit ou d'un service effectué par les consommateurs ou les intermédiaires commerciaux. La promotion joue le rôle d'incitation matérielle à la consommation.
- Une promotion constitue un outil de marketing qui consiste à développer les ventes en période difficile pour créer de nouveaux marchés et accroitre des possibilités individuelles d'achats.

  Parmi les deux définitions, ci-haut évoquées, il convient de dégager une troisième selon laquelle une promotion se veut une stratégie du mix-communicationnel visant à favoriser la dégustation du produit auprès des consommateurs, pour en accroitre à court terme, le nombre d'utilisateurs.

1.2. Les variables décisionnelles de la promotion

Il existe une panoplie d'outils de communication offerts à l'entreprise pour réussir une transaction. La conjugaison judicieuse de ces moyens devient un élément fondamental de la réussite de celle-ci. En effet, les entreprises qui savent à la fois exploiter les fichiers, mettre en œuvre les promotions, enrichir leur image de marque, bénéficieront de sérieux avantages par rapport à leurs concurrents.

Cependant, toute entreprise cherchant à s'y mixer dans cet environnement doit savoir manipuler de prime à bord, la gestion de cinq vecteurs de communication, dont la publicité, la promotion des ventes, les relations publiques, le marketing direct et le parrainage.

Section 2. Les principales techniques promotionnelles

2.1. La publicité

2.1.1. Définition

La publicité est perçue comme toute forme de communication non interactive utilisant un support payant mis en place pour le compte d'un émetteur identifié en tant que tel.

La publicité se définit comme toute forme de communication payante, impersonnelle (communication de masse) et unilatérale, faite par l'intermédiaire de médias et de support émanant d'une entreprise ou d'une organisation en faveur d'un produit, d'une marque ou d'une firme identifiée dans le message.

Somme toute, la publicité est l'un des outils majeurs permettant à une entreprise de transmettre des informations persuasives à ses marchés. La « publicité est donc une communication de masse qui est partisane ».[61].

2.1.2. Partenaires publicitaires

L'activité publicitaire met en relation trois principaux partenaires : les annonceurs, les médias et les agences :

---

[61] BROCHAND, B., LENDREVIE, J. cité par VANDERCAMMEN, M., *Op. Cit.*, p. 435

Les annonceurs. Est appelé annonceur tout organisme qui fait de la publicité ;

- Les médias. Un média est tout vecteur de communication publicitaire. C'est l'ensemble des supports qui relèvent d'un même mode de communication ;
- Les agences. Une agence est un organisme indépendant composé de spécialistes chargés pour le compte des annonceurs pour la définition des objectifs, du budget et de la stratégie de communication.

La figure suivante retrace les partenaires de la publicité :

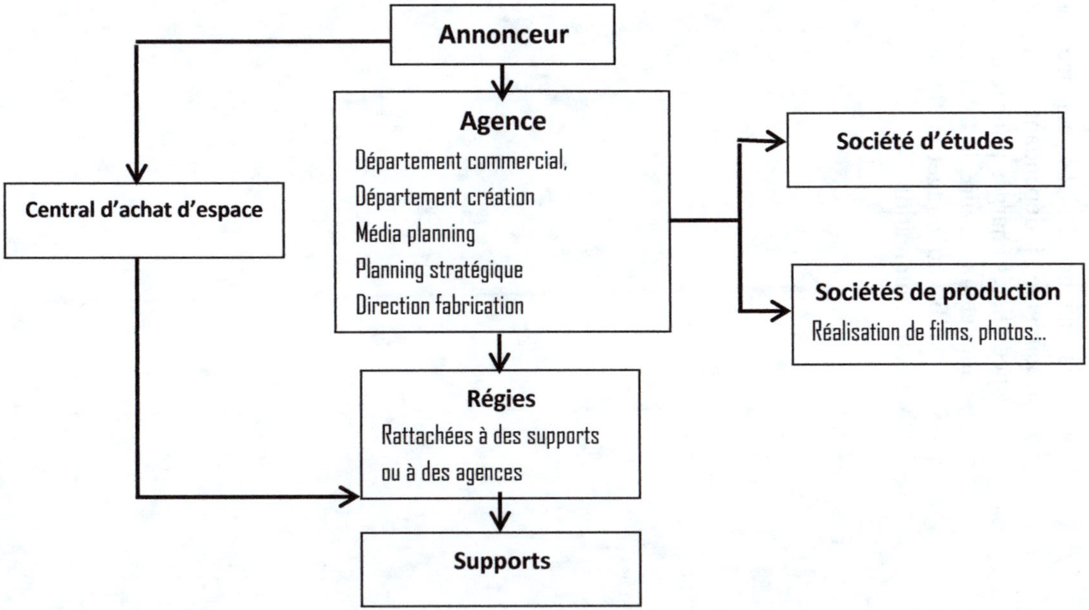

2.1.3. Sortes de publicité

Généralement, on a coutume de distinguer trois sortes de publicité suivantes :

- La publicité produit : elle est axée sur le produit de l'entreprise (ou gamme de produits) dont l'objectif est l'incitation à l'achat.
- La publicité institutionnelle : elle porte sur l'entreprise dont l'objectif est la promotion de son image et par voie de conséquence, de l'image de ses produits.
- La publicité collective : elle concerne une activité ou un produit générique, dont l'objectif est de promouvoir l'ensemble des entreprises (ou organisation) d'un secteur donné.

2.1.4. Objectifs publicitaires

La première phase dans l'élaboration des campagnes publicitaires consiste à déterminer les objectifs que l'entreprise s'est assignée. D'une manière générale, une publicité a pour objet, d'informer, de persuader et de rappeler.

- La publicité informative : est utilisée au début du cycle de vie d'un produit. Celle-ci vise à attaquer la demande primaire.
- La publicité persuasive : est beaucoup plus courante et dominante dans un univers concurrentiel. Elle favorise la demande sélective pour une marque particulière.
- La publicité de rappel : plus pratiquée en phase de maturité. Elle consiste à entretenir la demande. Il s'agit ici de rappeler aux différents consommateurs, l'existence du produit.
- La publicité d'entretien : est souvent utilisée en phase de déclin. Elle consiste à entretenir la demande face à la déclinaison de l'offre.

Le tableau suivant détaille ces différents objectifs selon les phases du cycle de vie d'un produit :

Phases	Types de publicités	Objectifs poursuivis
Lancement (naissance)	Informative	1. Informer ▪ Informer le marché de l'existence du nouveau produit ▪ Suggérer des nouvelles utilisations ▪ Expliquer le fonctionnement du produit ▪ Résorber la crainte de l'acheteur ▪ Construire une image
	Persuasive	2. Persuader ▪ Créer une préférence pour la marque ▪ Encourager une fidélité ▪ Stimuler un achat immédiat ▪ Faciliter un entretien avec le vendeur.
Maturité	De rappel	3. Rappeler ▪ Rappeler les prochaines occasions d'achats et de consommation ▪ Rappeler l'existence des distributeurs.
Déclin	D'entretien	4. Entretien ▪ Entretenir la notoriété et l'image de marque du produit

Au-delà de ces objectifs, la publicité a pour objectif la vente des produits et/ou des services.

2.1.5. Processus d'élaboration d'un message publicitaire
A. Démarche générale

L'élaboration d'une publicité suit la démarche suivante :

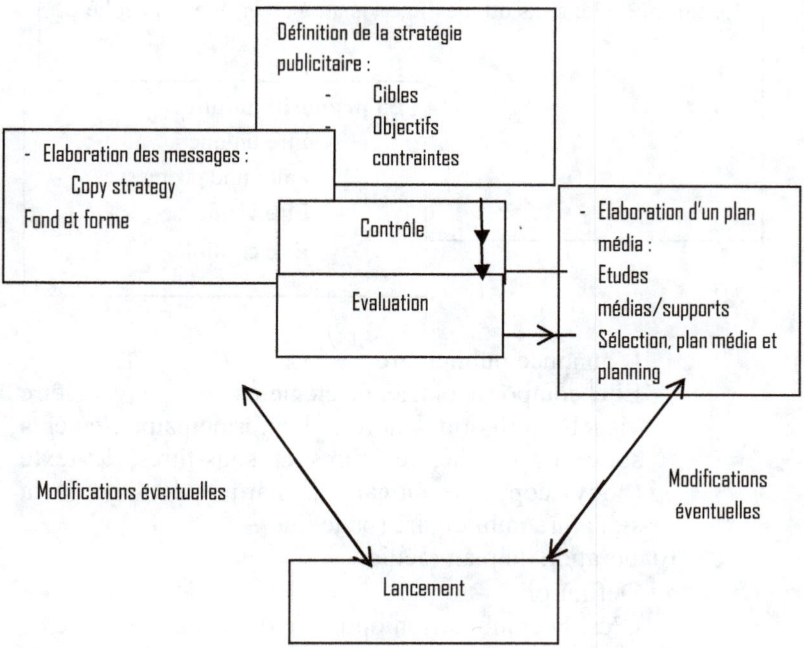

B. Elaboration des messages

- La copie stratégie :

Promesse (axe) : Proposition concrète faite au consommateur

Preuve (justification) : Support de la promesse correspondant à une caractéristique distinctive du produit
Bénéficiaire consommateur : le « plus » apporté par l'utilisation du Produit, l'avantage suggéré
Le ton : les éléments du message visant à créer une atmosphère

La proposition doit :

- Etre unique
- Faire une promesse
- Etre vendeuse
- Etre crédible

- L'annonce publicitaire
  Elle comporte plusieurs éléments qui peuvent être visuels, écrits ou sonores. Les principaux éléments sont : l'accroche, les titres et sous-titres, le texte (body, copy), le slogan, la marque, le logo et la signature publicitaire (bade line).

C. Elaboration du plan média

- Définition
  C'est la combinaison optimale de médias (famille de supports homogènes) et de support (tout vecteur de communication publicitaire susceptible d'avoir une audience) qui, compte tenu des moments de passage des messages, permet d'atteindre la majeure partie de la cible visée au moindre coût, avec une dose de répétition par individu.
- Le choix des medias et des supports
  Le choix des médias comprend plusieurs étapes :

- Elimination des médias indisponibles (média interdits, médias saturés ou médias inadaptés).
- Evaluation des médias possibles et choix d'un media de base en fonction du produit, des habitudes de la cible en matière d'information, du message et du coût.
- Etude et évaluation de différentes combinaisons possibles entre le media de base et d'autres médias.

Le choix des supports s'effectue selon différents critères qualitatifs et quantitatifs :

Critères qualitatifs	Définitions et commentaires
Nature du message	Qualités nécessaires à l'expression : style artistique ou purement informatif, couleurs, formats disponibles…
Sélectivité	Adéquation des caractéristiques sociodémographiques, géographiques, en termes de styles de vie, de l'audience du support par rapport à la cible visée.
Style de vie	Evaluation qualitative des médias en fonction des profits de styles de vie. Le C.C.A, relie ainsi chaque style de vie à des supports. Il distingue par exemple : ▪ Les supports « moralistes » pour la famille des « utilitaristes » sensibles aux valeurs intangibles et aux grands principes ▪ Les supports « de l'imaginaire » pour la famille des « décalés »
Nature du produit	Adéquation entre la nature du produit et celle du support
Probabilité de perception	Probabilité pour que le message soit perçu par la cible
Contexte du support	Ambiance de perception du message, caractéristiques générales du support :

	qualités typographiques, doctrine politique, place accordée aux faits divers, prestige, opinions exprimées, crédibilité accordée, couverture géographique
Degré de saturation publicitaire	Liaison entre le volume de publicité dans le support et la qualité de l'espace
concurrents	Nature des messages, importance des investissements, types de supports choisis.

Critères quantitatifs	Définitions et commentaires
Audience	Nombre de personnes qui lisent un exemplaire de presse ou qui voient ou écoutent une émission ou un film
Audience cumulée	Mesure de l'audience sur plusieurs périodes successives et évaluation de la fidélité au cours d'une période déterminée
Audience moyenne	Moyenne des audiences enregistrées pendant une période déterminée
Audience utile	Personnes faisant partie à la fois de l'audience d'un support et de la cible visée. Taux de couverture (audience utile/population cible) x 100
Echelle de puissance	Classement décroissant des supports en fonction de l'importance de l'audience utile
Echelle d'affinité	Classement décroissant des supports en fonction de l'adéquation entre la cible visée et l'audience Taux d'affinité = (audience utile/audience du support) x 100
Stabilité	Constance du taux de couverture dans le temps (d'une semaine à l'autre, d'une saison à l'autre)

Répétition	Nombre de fois où le même message est perçu par une personne appartenant à la cible
Contact	Rencontre entre le support et une personne appartenant à la cible se traduisant par une Occasion De Voir (ODV) ou d'Entendre (ODE) le message
Echelle d'économie	Classement des supports en fonction de leur coût aux 1000 contacts utiles (contact avec des personnes qui appartiennent à la cible visée par l'annonceur) Coût pour 1000 contacts utiles (CPMU)= (Coût de l'espace publicitaire/audience utile) x 100

- Le plan des supports

  Il doit préciser :
  - La combinaison des supports sélectionnés ;
  - Le nombre d'insertion ou de passages dans chaque support ;
  - Le rythme de passage et le déroulement dans le temps ;
  - Le budget.

2.2. La promotion des ventes

Partout où une occasion des ventes se présente, il incombe à l'entreprise de les promouvoir. Car, l'on ne consomme que ce que l'on connait. La promotion des ventes se veut une technique dont la vision s'inscrit sur la dégustation d'un produit pour multiplier les possibilités individuelles d'achats et créer de nouveaux marchés des périodes difficiles.

2.2.2. Définition

- La promotion des ventes est un ensemble d'actions qui consistent à promouvoir et à développer les ventes par différents moyens et par certaines techniques ;
- C'est une méthode active de stimulation de la demande, voire, un moyen direct pour développer un marché ;

- C’est l’ensemble des techniques qui consistent à ajouter temporairement un avantage supplémentaire à un produit (bien ou service) dans le but de stimuler la demande en augmentant le rythme ou le niveau des achats.

La promotion des ventes favorise largement le contact humain et le point de vente. Une promotion des ventes attire très souvent les consommateurs indécis et/ou de marque concurrente, mais ne les retient pas.

Elle doit cependant être supportée par certaines actions publicitaires. Une promotion des ventes constitue une préoccupation très importante pour le marketing car, elle se trouve dans toutes les configurations des ventes, notamment :

- Sur le lieu de vente ;
- Sur le secteur de vente ;
- Chez le client, etc.

En effet, il faut distinguer la promotion des achats, outil de communication vis-à-vis de la distribution, de la promotion des ventes qui concerne les clients finaux (consommateurs).

La durée d’un solde promotionnel doit être relativement courte de peur qu’elle puisse être mal appréhendée par les consommateurs comme une offre permanente. Elle doit être limitée dans le temps pour permettre à l’entreprise d’évaluer son impact sur les ventes des produits.

2.2.3. Les principales stratégies promotionnelles

Elles varient selon la cible :

Cibles	Stratégies
Acheteur final	Faire essayer, racheter, fidéliser
Réseau de distributeurs	« Pousser » le produit
Force de vente	Stimuler l’effort commercial

2.2.4. Les principales techniques promotionnelles

Les aspects de la promotion des ventes sont multiples ; ils concernent des produits très divers et touchent des publics très différents. La promotion des ventes comporte une vaste gamme de techniques destinées à stimuler, à court terme, la demande du marché. Comptent parmi les techniques, les plus importantes :

a. L'emplacement privilégié : vitrine, présentation.
b. Le facing : masse des produits identiques formant un volume ordonné et coloré.
c. Les ventes avec primes, notamment :

- La prime directe (offre d'un article supplémentaire gratuitement remis en même temps que la marchandise achetée) ;
- La prime recette : offre de fiches recettes en prime, à tout acheteur d'un produit ;
- La prime à l'échantillon : remettre en prime, un produit échantillon ;
- La prime produit en plus : offre d'une grande quantité pour le même prix ;
- Jeux et concours : concours et loterie ;
- Réduction des prix et rabais ;
- Bon de réduction ;
- Offre spéciale (prix spécial accordé au public pendant une période déterminée : solde) ;
- Essais et échantillon : Echantillon : taille réduite d'un produit diffusé gratuitement pour connaitre une nouveauté ;
- Cadeau gratuit ;
- Essais gratuits : sans aucune obligation d'achat.

Ces Techniques peuvent être regroupées en deux catégories :

- Pour les fabricants en direction des réseaux de distributeurs :
  - Promotions à l'égard du réseau pour faire référencer le produit ;
  - Réduction de prix ;
  - Présentoirs ;
  - Animations sur les lieux de ventes.
- Pour les détaillants en direction des consommateurs :

- Produits d'appel ;
- Cartes de fidélité ;
- Couponnage ;
- Offre de remboursement ;
- Cadeaux, échantillons ;
- Loterie et concours.

Les relations publiques

2.2.5. Définition

On appelle relations publiques, l'ensemble des procédés utilisés par l'entrepreneur pour s'attirer la sympathie du monde extérieur.

C'est toute « situation, méthode, action ou communication capable de créer dans le public un climat de confiance favorable à l'entreprise, à l'organisme ou au regroupement ainsi qu'à sa production ».[62].

Les relations publiques constituent un ensemble des activités de communication et d'information mises en œuvre par une entreprise :

- Soit à l'intérieur de l'entreprise (RP internes) pour instaurer et développer un climat de confiance, renforcer la cohésion entre ses différentes composantes, affirmer la culture d'entreprise, motiver les salariés ;
- Soit à l'extérieur de l'entreprise (RP externes) pour développer de bonnes relations entre entreprise et ses différents publics : clients, prescripteurs, fournisseurs, représentants des collectivités locales, presses,… Elle crée ainsi un capital de sympathie et renforce son image.

2.2.6. Objectifs des relations publiques

Les relations publiques visent à créer, établir, maintenir, améliorer la confiance, la compréhension et la sympathie d'une part, et les relations avec les publics d'autre

---

[62] GENTON PAUL, L., Les Relations publiques, arts et voyages cité par Marc VANDERCAMMEN, *Op.Cit.*, p. 465.

part. L'information est l'objectif principal visé parmi tant d'autres.

Ces objectifs visent donc à :

- Toucher les leaders d'opinion ;
- Etablir une relation directe avec le public ;
- Promouvoir, défendre une entreprise : promouvoir son côté social, son implication dans la recherche, ses avances technologiques, son implication dans la protection de l'environnement, sa citoyenneté, son ethnisme,…

Les relations publiques se caractérisent par :

- Un haut niveau de crédibilité ;
- Une attitude aux résistances ;
- Une grande force d'expression ;
- Un moyen de communication qui va favoriser le contact individuel et personnalisé avec une cible identifiée.

2.2.7. Moyens des relations publiques

De manière générale, les outils de Relations Publiques portent sur :

- L'organisation des conférences ;
- La présentation des dossiers de presse ;
- La publication des brochures ;
- La rédaction et organisation des articles de presse, les communiqués de presse, séminaires, salons, meetings, cocktail de presse ;
- Les Interviews.

Ces outils diffèrent selon le public concerné et suivant les supports :

- Pour les cibles internes : journal d'entreprise, livret d'accueil des nouveaux embauchés, organisation de cérémonies, de tournois sportifs, repas de fin d'année, arbre de Noël… ;
- Pour les cibles externes : lettres d'informations, visites d'entreprises, journées portes ouvertes, communiqués et conférences de presse, plaquettes de présentation de l'entreprise…

2.3. Le marketing direct

2.3.1. Définition

C'est un marketing interactif qui utilise un ou plusieurs médias en vue d'obtenir une réponse et/ou une transaction. Il met l'accent sur le caractère mesurable de la réponse, notamment la prise de commande. Egalement appelé « marketing relationnel », lorsqu'il met l'accent sur la construction à long terme d'une relation avec la clientèle.

En somme, le marketing direct est une forme particulière de la démarche marketing, à l'intersection de la communication et de la distribution (sous certaines formes on parle des ventes relationnelles) et qui se caractérisent par :

- L'utilisation des bases de données permettant d'établir des contacts personnels et différenciés (personnalisé) entre l'entreprise et ses clients prospects ;
- Le recours à toute technique de communication qui a pour effet :
    - De susciter une réponse immédiate ou du moins à court terme ;
    - De fournir à la cible visée les moyens de transmettre directement cette réponse à l'entreprise.

2.3.2. Techniques de marketing direct

Les principaux éléments (outils) du marketing direct sont :

- La vente par catalogue ou par correspondance ;
- Le publipostage ou le mailing : envoi postal d'une enveloppe, d'une lettre, d'un coupon, d'un catalogue, Parfois des annonceurs différents groupent leurs envois destinés aux mêmes cibles ; on parle de bus-mailing ;
- Le télémarketing ou marketing par téléphone : contact téléphonique avec un prospect pour lui présenter un produit, envoi d'un message par messagerie électronique ;
- Le faxing : envoi d'un message par télécopie à une clientèle d'entreprise.

Outre les éléments (outils), ci-haut énumérés, le marketing direct se donne comme caractéristiques essentielles :

- Le caractère sélectif : en général, une opération de marketing direct ne s'adresse pas à l'ensemble de la population, mais plutôt à un segment finement ciblé ;
- Un aspect de « sur mesure » ;
- Une instantanéité : une opération de marketing direct n'a pas besoin de beaucoup de temps ; elle peut être préparée très rapidement ;
- Une interactivité : le contenu du message peut s'ajuster à la réponse de la demande.

2.3.3. Les domaines d'utilisation

Le marketing direct est utilisé dans :

- La prospection de nouveaux clients ;
- La vente directe (distribution) ;
- Le suivi des ventes ;
- La fidélisation de la clientèle.

2.3.4. La constitution d'un fichier

Le fichier est une liste des noms et des coordonnées des personnes physiques ou morales, classées selon différents critères (géographique, par profession…).

Les fichiers peuvent être :

- Internes à l'entreprise : clients existants, contacts ;
- Externes : obtenus gratuitement, achetés ou loués.

2.4. Le sponsoring et le mécénat

2.4.1. Définition

Le sponsoring et le mécénat sont les activités de parrainage. Ce dernier est un acte par lequel une entreprise soutient une activité extérieure à son action propre. Celui-ci souscrit à la création et au maintien de l'image de marque de l'entreprise vis-à-vis du grand public. Il comprend deux composantes (catégories) : « le sponsoring et le mécénat.

En effet :

- Le Sponsoring
  C'est un soutien matériel apporté à une manifestation, à une personne, à un produit ou à une organisation en vue d'en retirer un bénéfice direct. Il est un support financier et matériel apporté par un parrain à un

individu ou à une activité, en contrepartie du surcroît de notoriété et de l'image de marque qu'il en escompte à courte période.

- Le mécénat
  Le mécénat correspond à la participation financière d'une entreprise à une œuvre, sans recherche directe d'une quelconque contrepartie financière.

2.4.2. Objectif

Le but de ces différents moyens de communication est de se démarquer de la concurrence, d'établir une nouvelle relation avec le consommateur, d'associer la marque à un style de vie.

2.4.3. Moyens de sponsoring et mécénat

Parmi ces moyens les plus utilisés sont :

- Parrainage d'évènements sportifs. Le choix du sport se fait en fonction du positionnement de la marque et non en fonction de goûts personnels ;
- Parrainage des manifestations culturelles : expositions, vernissages, festivals… les différentes formes d'art sont aussi utilisées.

2.4.4. Différences entre Sponsoring et Mécénat

	Sponsoring	Mécénat
Nature	Optique commerciale	Optique sociale
STRATEGIE	Stratégie économique de la valorisation commerciale de la marque ou des produits : Faire vendre	Stratégie institutionnelle de valorisation sociale de l'entreprise : Faire valoir
OBJECTIF	Création de liens entre une marque ou un produit et un évènement médiatique	Recherche d'une identité pour la firme en tant qu'institution

MESSAGE	Marketing	Civique
PUBLIC	Consommateurs potentiels, Personnel	Communauté témoin
EXPLOITATION	Mise en valeur commerciale directe de l'évènement : avant, pendant et après son apparition	Mise en valeur « spirituelle », discrète, à faible intention commerciale
RETOMBEES	A court et moyen terme	A moyen et long terme
DOMAINE	Sport, Sponsoring d'émissions	Culturel, humanitaire, technique

Conclusion

La promotion est une variable importante du marketing. Elle entraine des dépenses mais agit sur le développement de l'entreprise. Interne ou externe, la promotion joue un rôle communicationnel.

Pour communiquer efficacement, il faut un choix minutieux de différents éléments du processus de communication.

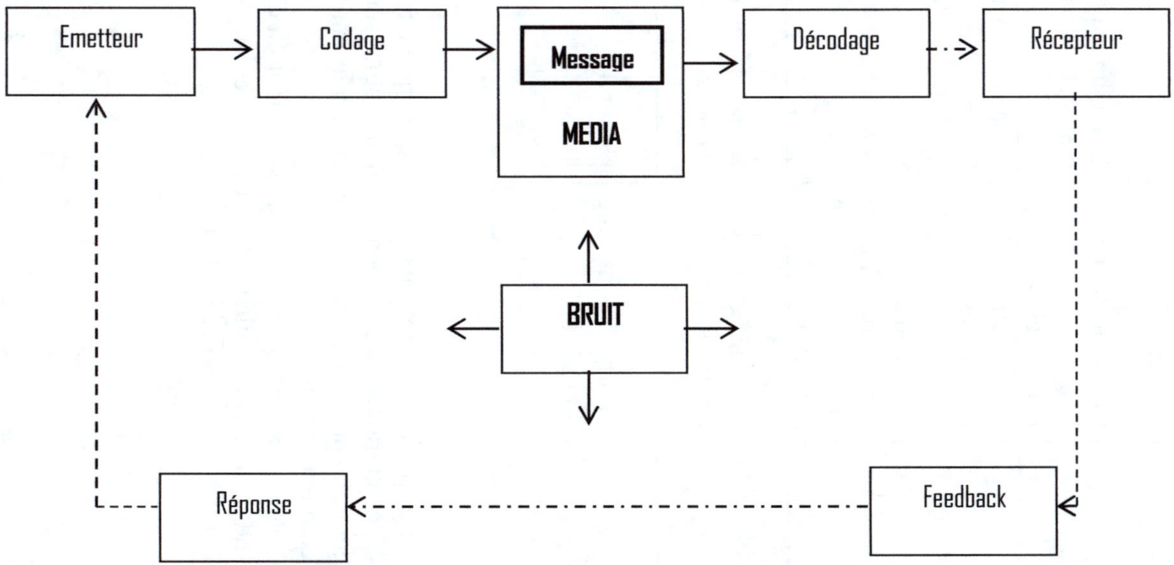
Emetteur
Codage
Message
MEDIA
Décodage
Récepteur
BRUIT
Réponse
Feedback

Ces étapes sont :

1. La rédaction de la stratégie de la communication
   - Définition des objectifs et rappel du rôle de la communication dans le mix de l'annonceur (notoriété, attrait, préférence, éliminer un frein, améliorer l'image…) ;
   - Caractéristiques des cibles de communication :
     - Définition de la cible : on distingue généralement le cœur de cible (personnes directement concernées) de la cible secondaire constituée par les influenceurs (prescripteurs, leaders d'opinion) ;
     - Attitude de la cible à l'égard du produit ou de la marque… ;
   - Caractéristiques de la concurrence ;
   - Rappel des principales contraintes : financières, légales….
2. La Rédaction de la stratégie créative
   - Contenu du message : trouver un thème, un axe, une idée de nature à motiver la cible visée ;
   - Structure du message : dans quel ordre faut-il présenter les arguments ? Doit-on délivrer un message à sens unique ou à double sens ? Doit-on conclure ? ;
   - Format du message : sélection des mots, du ton de la voix, du rythme pour un spot radio ; taille du titre, du texte, de l'image, de la couleur pour une affiche… ;
   - Source du message : la crédibilité de la source renforce l'efficacité du message.

Conclusion

Au-delà de différentes thèses sur le marketing perçu comme art, technique, science, il s'est actuellement érigé en un système, où en amont se place le client, personne à connaître, et en aval aussi le client comme personne à servir. Dans son cheminement de la praxéologie à l'épistémologie, le marketing s'est vite confirmé comme une doctrine fondée sur l'échange, et plus particulièrement sur le comportement du consommateur.

Fondé sur un cadre théorique justifiant son objet initial, le marketing, à cause de ses implications multiformes sur l'ensemble des domaines de la vie humaine se fonde sur une bi direction de l'entreprise.

Dans la vie de l'entreprise, la position du marketing laisse entrevoir qu'en tant que doctrine managériale, il se fonde sur une bi direction: de l'entreprise à fournisseur et de l'entreprise vers le client. De là est née la fonction de gestion.

Dans la conduite de ses activités son approche logique s'appuie sur les fondamentaux qui tiennent compte de l'implication de tout son environnement tel qu'il est, et ce, pour y cerner tour à tour les opportunités et les menaces mais aussi les forces et les faiblesses. Le marketing plaide pour la survie de l'entreprise. Toutes propositions gardées, les pratiques du marketing sont à la fois stratégiques et opérationnelles. En effet, elles sont :

- Stratégiques lorsque le marketing met en évidence le mécanisme de la production et de la gestion de l'information (données, statistiques), et
- Opérationnelles, lorsqu'il s'emploie à chercher une solution à un double objectif :
  - L'intérêt du client et la satisfaction de ses besoins mais aussi ;
  - L'intérêt de l'entreprise. Le marketing atteint ses objectifs au moyen de la satisfaction du client.

Comme en témoignent les 10 P avec ses outils en perpétuelle évolution, la complexité et la complétude du marketing dans un vaste champ d'échanges ne sont plus à démontrer. Quoi d'étonnant que le marketing puisse mériter une réflexion savante pour son passage du market-ing au market+ logos.

BIBLIOGRAPHIE

I. OUVRAGES

1) ANNA, John P. de, *Rotation des stocks et marge bénéficiaire à l'Américaine*, Paris, Entreprise Moderne d'édition, 1963.

2) BERGERON, Pierre G., *La Gestion moderne, théorie et cas*, Canada, Gaétan Morin, 1984.

3) BLANCHE, B.C., *Introduction au marketing*, Paris, Dunod, 1969.

4) BOUTON, Brigitte et VAN VRACEM, Paul, *Fondements du marketing*, Bruxelles, De Boeck, 1991.

5) BROCHAND, Bernard et LENDREVIE, Jacques, *Le Publicitor,* éd., Paris, Dalloz, 1993.

6) DECAUDIN, Jean-Marc, BOURGUERRA, Afifa et BORIES, Denis, *Etudes marketing*, Paris, 6è éd., Pearson, 2011.

7) DELBES, R. et TEYSSONNIERE, Gramont, *Etudes de marché, outil de la décision*, 2è éd. revu. et corr., Paperback, 1997.

8) DEMEURE, C., *Aide-mémoire Marketing*, 6è éd., Paris, Dunod, 2008.

9) DEMONY, Cl., SPIZZICHINO, R., *Les Systèmes d'information en marketing,* Paris, Dunod, 1969.

10) DORE, P., *Concepts de base marketing,* Paris, Institut National de marketing.

11) DURAFOUR, D., *Marketing et action commerciale*, Paris, Dunod, 2000.

12) GINDROZ, J.P., *Les Etudes de marché entant qu'approche psychosociologique du comportement d'achat,* Neuchâtel, Université de NEUCHATEL, 1974.

13) KOTLER, Philippe, KELLER, Kevin et MANCEAU, Delphine, *Marketing management,* 15è éd., Paris, Nouveaux Horizons, 2015.

14) KOTLER, Philippe, KELLER, Kevin et MANCEAU, Delphine, *Marketing management,* 14è éd., Paris, Nouveaux Horizons, 2012.

15) KOTLER, Philippe et DUBOIS, Bernard, *Marketing management*, 9è éd., Paris, Publi-Union, 1997.

16) LAMBIEN, J.J., *Le Marketing stratégique : Fondements nationales et applications,* 2e édition, Paris, McGraw-Hill, 1989.

17) LEVITT, Theodore, *L'Esprit marketing,* Bruxelles, De Boeck, 1997.

18) LINDON, D., *Marketing politique et social*, Paris, Dalloz Gestion, 1976.

19) MARTINET, Alain Charles et PESOUEUX, Yvon, *Epistémologie des sciences de gestion,* Paris, Vuibert Gestion, 2013.

20) MALAVAL, Philippe et SCHADECK, Bernard, *Marketing, Facteurs de développement, Emergence des pays du sud,* Paris, L'Harmattan, 2000.

21) MAMBU Mpudi Ndombasi, Prosper, *Le Marketing pour quelle autonomie épistémologique ?,* Paris, L'Harmattan, 2015.

22) MARTIN, VEDRINE, S., *Initiation au marketing,* Paris, Ed. d'Organisation, 2003.

23) MICHON, Christian, *Le Marketeur : Fondements et nouveauté du marketing*, 2è éd., Paris, Pearson Education, 2006.

24) NZENZA Mpangu, F.M., *Qualité et productivité, contribution à la dynamique managériale du groupe et à la stratégie de la compétitivité*, Ed. Publi Book, 2010.

25) VANDERCAMMEN, M., *Marketing : l'essentiel pour comprendre, Décider, agir,* 2è éd., Bruxelles, De Boeck, 2006.

26) VERNETTE, Eric, L'Essentiel du marketing, 3e éd., Paris, Eyrolles, 2010.

27) ZALTMAN et BURGER, *Marketing Research, Fundamentals and dynamics,* Tulls, Dnald, Hawkins, 1975.

II. WEBOGRAPHIE

1) https//fr. Wikipedia. Org

2) https//fr. m. Wikipedia. Org

3) https://fr.m.wikipedia.org/…/-

Table des matières

DEUXIÈME PARTIE
LA BASE D'UNE RÉFLEXION MARKETING

TROISIÈME PARTIE
LA PRATIQUE MARKETING

Structures éditoriales du groupe L'Harmattan

L'Harmattan Italie
Via degli Artisti, 15
10124 Torino
harmattan.italia@gmail.com

L'Harmattan Hongrie
Kossuth l. u. 14-16.
1053 Budapest
harmattan@harmattan.hu

L'Harmattan Sénégal
10 VDN en face Mermoz
BP 45034 Dakar-Fann
senharmattan@gmail.com

L'Harmattan Cameroun
TSINGA/FECAFOOT
BP 11486 Yaoundé
inkoukam@gmail.com

L'Harmattan Burkina Faso
Achille Somé – tengnule@hotmail.fr

L'Harmattan Guinée
Almamya, rue KA 028 OKB Agency
BP 3470 Conakry
harmattanguinee@yahoo.fr

L'Harmattan RDC
185, avenue Nyangwe
Commune de Lingwala – Kinshasa
matangilamusadila@yahoo.fr

L'Harmattan Congo
67, boulevard Denis-Sassou-N'Guesso
BP 2874 Brazzaville
harmattan.congo@yahoo.fr

L'Harmattan Mali
Sirakoro-Meguetana V31
Bamako
syllaka@yahoo.fr

L'Harmattan Togo
Djidjole – Lomé
Maison Amela
face EPP BATOME
ddamela@aol.com

L'Harmattan Côte d'Ivoire
Résidence Karl – Cité des Arts
Abidjan-Cocody
03 BP 1588 Abidjan
espace_harmattan.ci@hotmail.fr

L'Harmattan Algérie
22, rue Moulay-Mohamed
31000 Oran
info2@harmattan-algerie.com

L'Harmattan Maroc
5, rue Ferrane-Kouicha, Talaâ-Elkbira
Chrableyine, Fès-Médine
30000 Fès
harmattan.maroc@gmail.com

Nos librairies en France

Librairie internationale
16, rue des Écoles – 75005 Paris
librairie.internationale@harmattan.fr
01 40 46 79 11
www.librairieharmattan.com

Librairie l'Espace Harmattan
21 bis, rue des Écoles – 75005 paris
librairie.espace@harmattan.fr
01 43 29 49 42

Lib. sciences humaines & histoire
21, rue des Écoles – 75005 paris
librairie.sh@harmattan.fr
01 46 34 13 71
www.librairieharmattansh.com

Lib. Méditerranée & Moyen-Orient
7, rue des Carmes – 75005 Paris
librairie.mediterranee@harmattan.fr
01 43 29 71 15

Librairie Le Lucernaire
53, rue Notre-Dame-des-Champs – 75006 Paris
librairie@lucernaire.fr
01 42 22 67 13

www.ingramcontent.com/pod-product-compliance
Lightning Source LLC
LaVergne TN
LVHW011300061026
849535LV00005B/1333